LES Cahiers DE LA Luciole

CM1
cycle 3

NOUVEAUX PROGRAMMES 2016

Sciences et technologie

Sous la direction d'Albine Courdent
Maitre de conférences et formatrice en didactique
des Sciences de la Vie et de la Terre
à l'ESPE Lille Nord de France

Jérôme Blondel
Professeur des écoles
Maitre formateur pour l'Académie de Lille

Anne-Amandine Decroix
Maitre de conférences et formatrice en didactique
de la Physique à l'ESPE Lille Nord de France

Cette publication est conforme à la nouvelle orthographe
www.orthographe-recommandee.info

Cet ouvrage est rédigé avec l'orthographe recommandée
par le ministère de l'Éducation nationale.

Hatier

Présentation des cahiers de la Luciole

Les Cahiers de la Luciole sont organisés selon les thèmes du programme :

- la matière, le mouvement, l'énergie, l'information
- le vivant, sa diversité et les fonctions qui le caractérisent
- matériaux et objets techniques
- la planète Terre, les êtres vivants dans leur environnement

Un thème, c'est :

Une réactivation des connaissances

acquises à l'école ou dans la vie quotidienne :
Ce que je sais déjà.

Des chapitres permettant de résoudre un problème scientifique

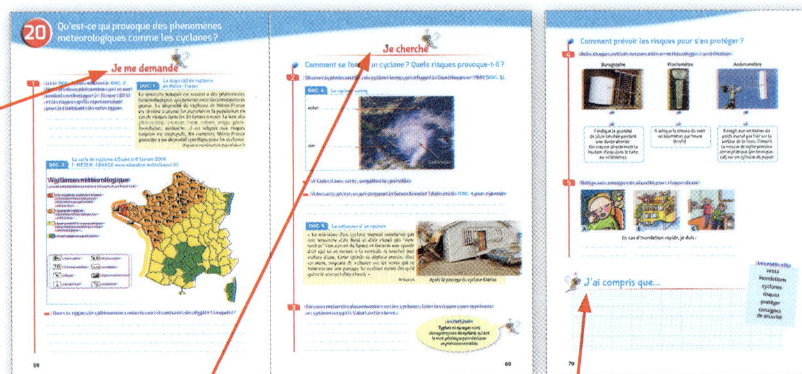

Je me demande

L'élève observe une situation proche de sa vie quotidienne. Il est amené à formuler des hypothèses ou à exprimer ses conceptions.

Je cherche

Cette partie est structurée par des questions qui organisent les connaissances à acquérir. Pour y répondre, l'élève est invité à mener des expériences simples et pertinentes, à modéliser et à interroger des textes documentaires.

J'ai compris que...

En fin de chapitre, un espace est réservé à la rédaction d'une synthèse individuelle à l'aide des mots-clés.

Un bilan des connaissances et compétences

utilisable comme support de révision.

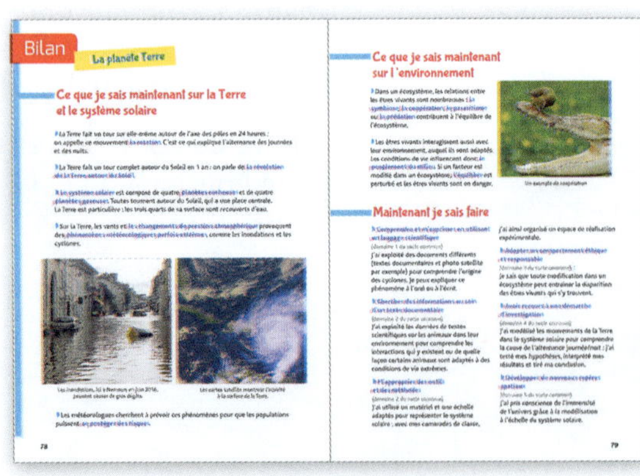

À télécharger gratuitement sur www.editions-hatier.fr : le guide de l'enseignant, avec des synthèses rédigées ou à compléter, utilisables en fonction de l'autonomie des élèves.

Sommaire

La matière, le mouvement, l'énergie, l'information

Matériaux et objets techniques

Le vivant, sa diversité et les fonctions qui le caractérisent

La planète Terre, les êtres vivants dans leur environnement

© Hatier, Paris, 2017. ISBN : 978-2-401-00093-3.

La matière
le mouvement, l'énergie, l'information

Ce que je sais déjà

L'eau existe sous trois états : l'**état solide**, l'**état liquide** et l'**état gazeux**.
L'eau peut passer d'un état à l'autre.

GLACE état solide → fusion → EAU LIQUIDE état liquide → vaporisation par évaporation ou ébullition → VAPEUR D'EAU état gazeux

VAPEUR D'EAU état gazeux → condensation → EAU LIQUIDE état liquide → solidification → GLACE état solide

Lorsque l'eau liquide devient solide, son **volume augmente**, mais **sa masse ne change pas**.

L'air est **partout** autour de nous.
Il est **invisible**. Il occupe un certain **volume** et possède une **masse**.

Nous utilisons **l'énergie électrique** au quotidien, notamment avec les piles ou le courant du secteur.
Certains **matériaux** sont **conducteurs**, d'autres sont **isolants**.

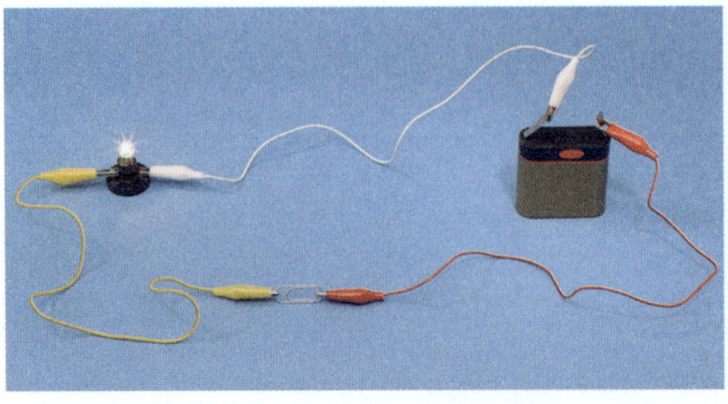

Le métal est conducteur, le courant circule, la lampe s'allume.

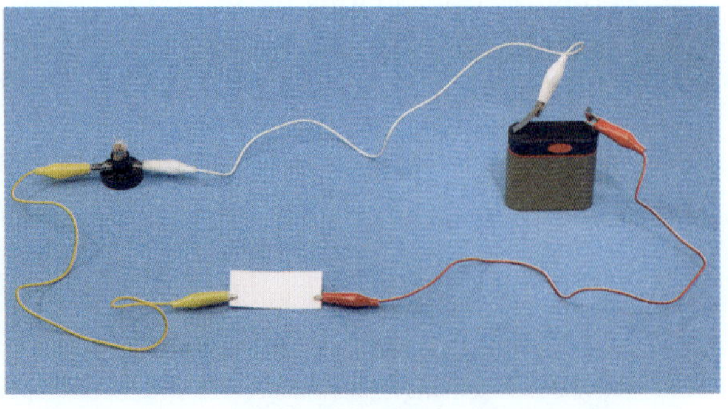

Le papier est isolant, le courant ne circule pas, la lampe ne s'allume pas.

1 Pourquoi certains objets flottent-ils et d'autres pas ?

Je me demande

1 Observe le **DOC. 1**. Certains objets flottent sur l'eau, d'autres ont coulé. À ton avis, comment peut-on expliquer cette différence ?

....

....

....

DOC. 1 À la piscine

Je cherche

Qu'est-ce qui caractérise les objets qui flottent sur l'eau ?

2 Toutes les billes du **DOC. 2** ont les mêmes dimensions, elles occupent le même espace : on dit qu'elles ont le même volume. Mais elles sont composées de matières différentes.

- Quelles sont celles qui flottent ?

....

....

- Quelles sont celles qui coulent ?

....

....

DOC. 2 Différentes billes dans de l'eau liquide

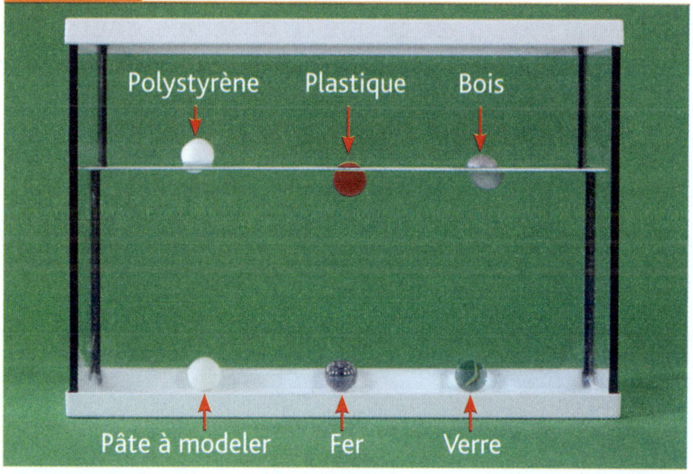

3 On a pesé chaque bille, ainsi que le même volume d'eau liquide comme si on avait une bille d'eau liquide (**DOC. 3**).

- En utilisant les résultats de l'activité 2, entoure dans le tableau les billes qui flottent.
- Que constates-tu ?

....

....

....

DOC. 3 Les masses

Billes	Masse (en g)
Bois	2,4
Eau liquide	4,0
Fer	31,2
Pâte à modeler	6,4
Plastique	3,6
Polystyrène	0,1
Verre	10,0

4 **Complète les explications :**

À volume égal, les objets qui flottent sont plus .... que l'eau liquide.

À volume égal, les objets qui coulent sont plus .... que l'eau liquide.

On dit que les objets qui flottent ont une **densité** plus faible que l'eau liquide et que les objets qui coulent ont une **densité** plus élevée que l'eau liquide.

Quelle est l'influence de la forme ?

5 **À partir de deux boules en pâte à modeler de même masse, on fait une barque avec l'une et on laisse l'autre en forme de boule (DOC. 4). Que se passe t-il ?**

....

....

DOC. 4 Deux formes en pâte à modeler

- **Compare le volume de la barque et celui de la boule, que constates-tu ?**

....

....

6 **Pour expliquer ce que tu observes, cherche ce qui change entre les deux objets. Tu peux t'aider de ce schéma.** →

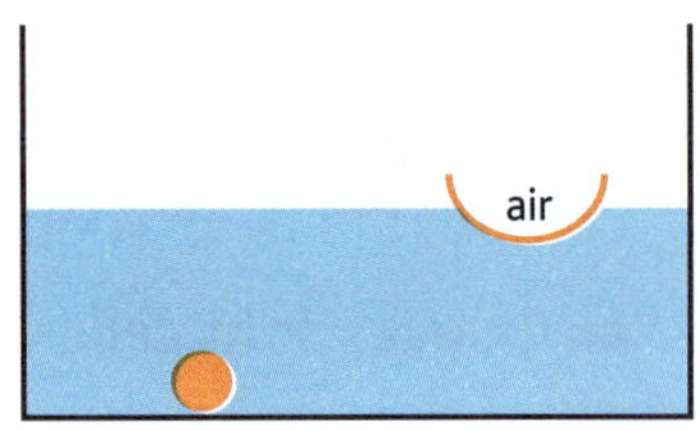

- **Complète maintenant l'explication :**

La barque en pâte à modeler contient de l' ....

Elle a donc une .... plus faible que l'eau liquide,

c'est pour cela qu'elle ....

J'ai compris que...

Les mots clés
matière
solide
liquide
densité
forme

2 À quoi l'eau peut-elle se mélanger ?

Je me demande

1 Observe le DOC. 1. À ton avis, que peut contenir :

– le verre 1 ? ....

– le verre 2 ? ....

– le verre 3 ? ....

▬ Pour quel verre est-il difficile de répondre ?

Pourquoi ? ....

....

DOC. 1 Trois mélanges

Je cherche

Que se passe-t-il quand on mélange un solide à de l'eau ?

2 Tu vas réaliser les expériences du DOC. 2.

Ce que je pense

▬ Selon toi, que va-t-il se passer ? Dessine et écris tes hypothèses dans ton cahier de chercheur.

Ce que je fais/Ce qui se passe

▬ Prépare les mélanges du DOC. 2. Agite bien, puis laisse reposer quelques minutes.

▬ Dessine et écris ce que tu observes dans ton cahier.

▬ Complète le tableau de résultats en cochant les cases qui conviennent.

DOC. 2 Différents solides à mélanger à 20 cL d'eau liquide

	Verre 1	Verre 2	Verre 3	Verre 4
Je distingue les constituants.				
Je ne distingue pas les constituants.				

Lorsqu'on mélange un solide et de l'eau et que l'**on ne voit plus le solide**, on dit que le solide est **soluble** dans l'eau. Ce mélange est appelé **solution**.
Lorsqu'on mélange un solide et de l'eau et que **le solide reste visible**, on dit que le solide n'est **pas soluble** dans l'eau.

Ce que je comprends

- Parmi les solides que tu as testés, nomme ceux qui sont solubles dans l'eau.

....

Que deviennent les solides solubles dans l'eau ?

3 Tu as observé que le sel est soluble dans l'eau. Mais est-il toujours présent ?

Ce que je pense

- Écris ton hypothèse dans ton cahier de chercheur.

Ce que je fais/Ce qui se passe

- Réalise les expériences du DOC. 3.

DOC. 3 Deux expériences sur des solides

Début de l'expérience 1 :
On mélange 200 g d'eau et 10 g de sel dans un verre pesant 180 g.

Fin de l'expérience :
On pèse le mélange. →

Début de l'expérience 2 :
On mélange 200 g d'eau et 10 g de sable dans un verre pesant 180 g.

Fin de l'expérience :
On pèse le mélange. →

- Complète le tableau de résultats.

	Avant le mélange	Après le mélange
Masse totale (eau + sel + verre)	....	....
Masse totale (eau + sable + verre)	....	....

- Que constates-tu ?

....

Ce que je comprends

- Le sel, solide soluble dans l'eau, est-il toujours présent ? Explique ta réponse.

....

....

Chaque constituant d'un mélange **conserve sa masse**.
La masse du mélange est égale à la masse totale des constituants.

Que se passe-t-il quand on mélange de l'eau et un autre liquide ?

4 Réalise les expériences du **DOC. 4**.

Ce que je pense

- Selon toi, que va-t-il se passer ? Dessine et écris tes hypothèses dans ton cahier de chercheur.

DOC. 4 Différents liquides à mélanger à 10 cL d'eau liquide

Ce que je fais/Ce qui se passe

- Prépare les mélanges du **DOC. 4**. Agite bien, puis laisse reposer quelques minutes.
- Complète le tableau de résultats en cochant les cases qui conviennent.

	Verre 1	Verre 2	Verre 3
Je distingue les constituants.			
Je ne distingue pas les constituants.			

Lorsqu'on mélange un **liquide** et de l'eau et que l'on ne peut pas distinguer l'un de l'autre, on dit que les liquides sont **miscibles** entre eux.
Lorsqu'on mélange un **liquide** et de l'eau et que l'on peut les distinguer tous les deux, on dit que ces liquides ne sont **pas miscibles**.

Ce que je comprends

- Parmi les liquides que tu as testés, nomme ceux qui sont miscibles avec l'eau.

....

- Complète la phrase :

Les liquides miscibles avec l'eau, comme................................., sont toujours présents.

Pour le vérifier, on peut comparer la .... avant et après le mélange.

J'ai compris que...

Les mots clés
mélange
solide
liquide
soluble
miscible

3 À quoi les gaz peuvent-ils se mélanger ?

Je me demande

1 Observe le **DOC. 1**.
À ton avis, que peut contenir l'eau du verre 2 que ne contient pas l'eau du verre 1 ?

....

....

....

....

DOC. 1 Deux eaux minérales

Je cherche

Les gaz et les liquides peuvent-ils se mélanger ?

2 Réponds aux questions suivantes en t'aidant des **DOC. 2** et **3**.

- Que contient l'eau pétillante que ne contient pas l'eau plate ?

....

- Le vois-tu lorsque la bouteille d'eau pétillante est fermée ? ☐ Oui ☐ Non

- Quels sont les deux types d'eaux minérales pétillantes ?

....

....

- Comment peut-on faire de l'eau pétillante à partir de l'eau du robinet ?

....

....

....

DOC. 2 Des étiquettes d'eaux pétillantes

DOC. 3 L'eau gazeuse

L'eau gazeuse contient du gaz carbonique ou dioxyde de carbone [...]. C'est lui qui, dissout dans le liquide, se transforme en bulles [...] quand on ouvre la bouteille. Dans le détail, il existe deux types d'eau gazeuse.

• **L'eau pétillante naturelle** : elle contient du dioxyde de carbone à sa source. C'est-à-dire qu'eau et gaz cohabitent dans la même nappe souterraine. Il arrive qu'elle soit en plus « renforcée » (ou « regazéifiée ») avec son propre gaz (capté séparément en profondeur) au moment de la mise en bouteille. [...]

• **L'eau minérale gazéifiée** : c'est une eau minérale plate à laquelle on a ajouté du gaz carbonique (provenant de différentes sources) en usine au moment de l'embouteillage. [...]

On peut désormais facilement faire son eau gazeuse chez soi, avec des appareils domestiques permettant l'injection de gaz par le biais de cylindres rechargeables. [...]

www.doctissimo.fr, DR

Une bouteille d'eau pétillante fermée contient du gaz carbonique (ou dioxyde de carbone) **dissout** : on ne le voit pas. On dit qu'il est **soluble** dans l'eau.

Les gaz peuvent-ils se mélanger entre eux ?

3 Observe le **DOC. 4** :
c'est une représentation schématique de la composition de l'atmosphère terrestre.
Que contient l'atmosphère ?

....

....

....

....

....

■ Tous ces constituants sont-ils des gaz ?

....

....

....

DOC. 4 La composition de l'air de l'atmosphère

- azote 78 %
- oxygène 21 %
- gaz divers (vapeur d'eau, dioxyde de carbone, gaz rares)
- gaz polluants (dioxyde de soufre, dioxyde d'azote, ozone...)

Les gaz et les solides peuvent-ils se mélanger ?

4 Le **DOC. 5** présente le détail des indices de la qualité de l'air à Lille. Quels sont les polluants qui sont mesurés ?

....

....

- Quel polluant n'est pas un gaz ? Aide-toi du **DOC. 6** pour répondre.

....

- Que peux-tu en conclure sur l'air que nous respirons ?

....

....

- Quelles activités humaines polluent l'air ?

....

....

- Pourquoi est-il dangereux de respirer un air pollué par des particules fines ?

....

....

DOC. 5 Lille le 8 décembre 2016

Mesure des polluants
Dioxyde de soufre
1 : Très bon
Dioxyde d'azote
3 : Bon
Ozone
1 : Très bon
Particules (PM10)
6 : Médiocre

DOC. 6 Quelles poussières y a-t-il dans l'air ?

Les poussières PM 10 sont de minuscules particules en suspension que l'on peut donc inspirer. Une partie des poussières en suspension, qui se trouvent dans l'air, est d'origine naturelle : sable du Sahara, embruns marins, pollens, etc.
S'y ajoutent les poussières liées aux activités humaines, émises notamment par les installations de combustion (chauffage), les transports (moteurs diésels), les activités industrielles (construction, secteur minier), l'érosion de la chaussée, etc.
La taille des poussières en suspension est un facteur important : plus elles sont fines, plus elles irritent les voies respiratoires. Certaines particules peuvent même provoquer des cancers.

D'après atmo Nord-Pas-de-calais

J'ai compris que…

Les mots clés
mélange
solide
liquide
gaz

4 Comment décrire ce qui bouge ?

Je me demande

1 Observe le **DOC. 1**.
Selon toi, qu'est-ce qui se déplace dans cette scène?

....

....

Penses-tu que l'enfant dans le manège, sur la girafe, répondrait la même chose que toi ? Explique ta réponse.

....

....

....

DOC. 1 Un parc d'attractions

Je cherche

Quels sont les types de mouvements les plus simples ?

2 Sur le **DOC. 2**, trace avec un crayon de bois le chemin que va parcourir le personnage sur la tyrolienne puis complète la phrase.

J'ai tracé une ....

DOC. 2 Une tyrolienne

3 Sur le **DOC. 3**, trace avec un crayon de bois le chemin que va parcourir la nacelle rouge puis complète la phrase.

J'ai tracé un ....

DOC. 3 Une grande roue

Si un objet se déplace en ligne droite, on parle de **mouvement rectiligne**.
Si un objet décrit un cercle, on parle de **mouvement circulaire**.

Tous les observateurs voient-ils les mêmes mouvements ?

4 Observe le **DOC. 4** et réponds aux questions.

- Quel est le mouvement des voyageurs pour la femme assise à la table de piquenique ?

....

....

DOC. 4 Un train

- Une des personnes assises dans le train regarde les autres voyageurs du wagon : pour elle, sont-ils en mouvement ? ☐ Oui ☐ Non
- Pour les voyageurs, la femme qui piquenique se déplace-t-elle ? ☐ Oui ☐ Non
- Et pour le chien ? ☐ Oui ☐ Non

5 Réalise cette expérience avec tes camarades de classe (**DOC. 5**). Passe dans chaque groupe (A, B et C) pour observer les autres élèves.

- Complète la phrase :

Selon l'observateur et l'......................... (la position) où il se trouve, les .... des personnes ou des objets ne sont pas les mêmes.

DOC. 5 Une expérience dans la cour

J'ai compris que...

Les mots clés
mouvement
rectiligne
circulaire
position
observateur

5 À quoi sert l'énergie et d'où vient-elle ?

Je me demande

1 Regarde le **DOC. 1** et entoure ce qui a besoin d'énergie.

▬ Penses-tu que l'on utilise de l'énergie dans la vie de tous les jours ? Explique ta réponse.

....

....

....

DOC. 1 Quelques situations où l'on utilise de l'énergie

Je cherche

Pourquoi a-t-on besoin d'énergie ?

2 Indique, pour chaque image, à quoi sert l'énergie.

L'énergie sert à ....

L'énergie sert à ....

L'énergie sert à ....

L'énergie sert à ....

Quelles sont les différentes sources d'énergie ?

3 Lis le **DOC. 2**, puis complète le tableau comme dans l'exemple en t'aidant du **DOC. 1**.

DOC. 2 L'énergie, à quoi sert-elle et d'où vient-elle ?

Tu as besoin d'énergie pour vivre : grâce à elle, tu peux te déplacer, t'éclairer, te chauffer… Mais cette énergie d'où vient-elle ? Elle vient :
- des aliments que tu manges et qui te permettent de vivre, marcher, courir ;
- du pétrole avec lequel on obtient l'essence nécessaire pour faire avancer les voitures ;
- de l'uranium alimentant les centrales nucléaires qui produisent l'électricité nécessaire pour faire fonctionner bien des objets (lampes, ordinateurs…) ;
- mais aussi du gaz provenant des profondeurs de la Terre, du bois des forêts, du Soleil…

Objets ou êtres vivants	Sources d'énergie nécessaire pour fonctionner ou vivre
centrale nucléaire	uranium
être vivant	....
éolienne	....
gazinière	....
panneau solaire	....
poêle	....
moulin à eau	....
voiture	....

4 **Classe les sources d'énergie que tu viens d'identifier dans le tableau suivant.**

Sources d'énergie inépuisables	Sources d'énergie qui peuvent s'épuiser
....	....

Les sources d'énergie inépuisables sont dites **renouvelables**,
et les sources d'énergie qui peuvent s'épuiser sont dites **non renouvelables**.

J'ai compris que...

Les mots clés
besoin
énergie
sources
renouvelables

6 D'où vient l'énergie électrique?

Je me demande

1 Avec quoi fonctionne l'objet du DOC. 1 ?

....

■ Est-ce une source d'énergie que tu as notée dans le tableau page 17 ?

☐ Oui ☐ Non

■ D'après toi, comment obtient-on cette forme d'énergie ?

....

....

DOC. 1 Quelle est cette forme d'énergie ?

Je cherche

Quelles sont les différentes formes d'énergie ?

2 À l'aide du DOC. 2, donne un exemple :

– de source d'énergie : ....

....

– de forme d'énergie : ....

....

■ Précise à chaque fois l'énergie qui est utile pour fonctionner. Complète les 5 cases avec les mots proposés.

mouvement – chimique – thermique – électrique – lumineuse

DOC. 2 Les formes d'énergie

[...] on produit de l'électricité à partir du charbon, de la lumière du soleil ou du vent ; on produit de la chaleur en brulant du bois ou du gaz ; on produit du mouvement en alimentant un moteur avec de l'essence, qui provient du pétrole. Tu l'as compris, l'énergie peut donc prendre différents aspects (chaleur, lumière...) et peut même passer d'une forme à l'autre. Car l'énergie se transforme, mais ne se crée pas et ne se perd pas non plus. Aussi incroyable que cela puisse paraitre, la quantité globale d'énergie dans l'Univers est la même aujourd'hui que depuis les origines !

L'énergie, c'est de la dynamite, Marc Germanangue, Bruno Goldman, Hatier jeunesse.

....

....

....

....

....

L'énergie existe sous différentes formes comme **l'énergie de mouvement**, **l'énergie chimique**, **l'énergie thermique**, **l'énergie électrique** et **l'énergie lumineuse**.

L'énergie conserve-t-elle toujours la même forme ?

3 Complète, comme dans l'exemple.

Forme de l'énergie qui fait fonctionner à l'entrée	Objet	Forme de l'énergie produite à la sortie
Énergie de mouvement	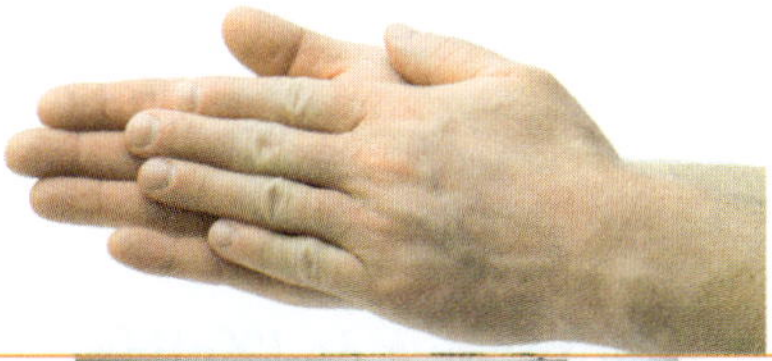	Énergie thermique
....		....
....	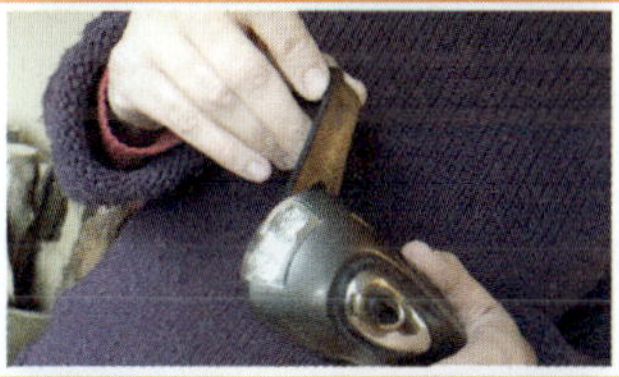	....
....		....

Que peux-tu dire de l'énergie à l'entrée et à la sortie :

– du moulinet à vent ? ....

– du radiateur électrique ? ....

Quand l'énergie garde **la même forme** à l'entrée et à la sortie d'un système, on parle de **transfert d'énergie**. Quand l'énergie ne garde **pas la même forme** à l'entrée et à la sortie d'un système, on parle de **conversion d'énergie**.

D'où peut provenir l'énergie électrique ?

4 Sur le schéma, indique quelles sont les formes d'énergie mises en jeu en t'aidant du **DOC. 3**.

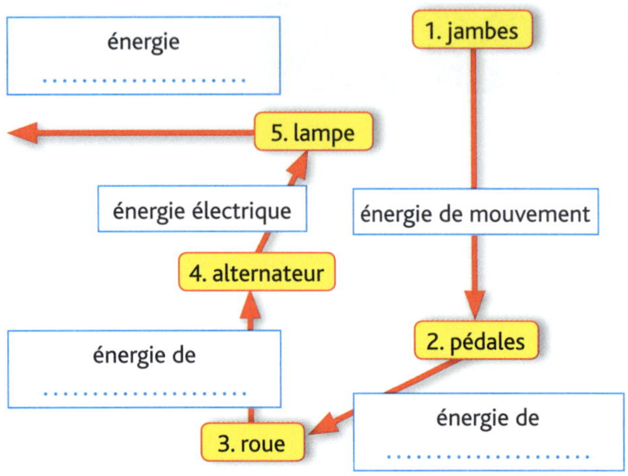

DOC. 3 Un vélo avec les feux allumés

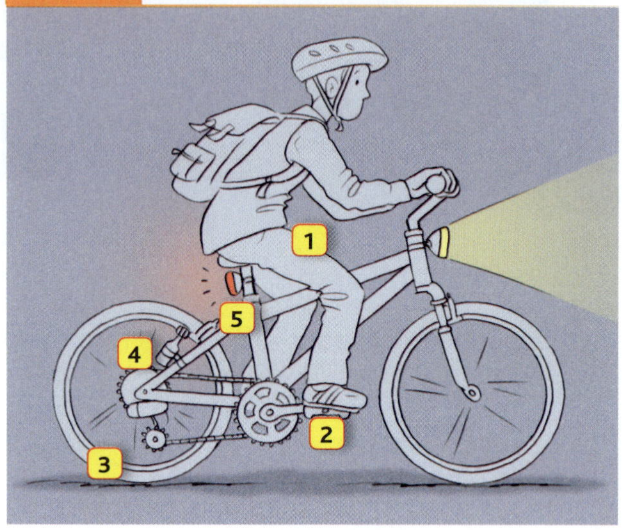

5 En t'aidant du **DOC. 3** que tu viens de compléter, réponds aux questions.

- Quelle est la forme de l'énergie :

– à l'entrée d'une éolienne ? ....

– à la sortie ? ....

- À ton avis, quel élément à l'intérieur de l'éolienne produit de l'énergie électrique ?

....

Un alternateur convertit **une énergie de mouvement** en **énergie électrique**.
C'est avec ce mécanisme que fonctionnent la plupart des centrales électriques.

J'ai compris que…

Les mots clés
énergie
forme
transfert
conversion

7 Comment les êtres vivants communiquent-ils entre eux ?

Je me demande

1 Sur chacune des photos du **DOC. 1**, un être vivant tente de transmettre un message. À ton avis, que signifie-t-il ?

DOC. 1 Différents moyens de communiquer

Signification du message

A

....

....

....

B

....

....

....

C

....

....

....

D

....

....

....

E

....

....

....

Je cherche

Qu'est-ce qu'un signal ?

2 Observe le **DOC. 2**. Qu'est-ce qui permet au garçon de savoir qu'il est bientôt l'heure de manger ?

....

■ Quel organe lui a permis de percevoir le signal ?

....

DOC. 2 Un signal

Un signal permet de **transmettre une information**.

Quels sont les différents éléments d'une situation de communication ?

3 D'après le **DOC. 3**, comment appelle-t-on celui qui donne l'information ?

....

■ Comment appelle-t-on celui qui la reçoit ?

....

DOC. 3 La situation de communication

■ Légende chaque dessin avec les termes que tu viens d'utiliser.

Comment les êtres vivants comprennent-ils l'information transmise par le signal ?

4 Liste les organes qui permettent aux êtres vivants du **DOC. 1** de percevoir le signal.

– Situation **A** : ....

– Situation **B** : ....

– Situation **C** : ....

– Situation **D** : ....

– Situation **E** : ....

5 Lis le **DOC. 4**, puis réponds aux questions.

- Chez l'homme, quel organe assure le traitement des signaux ?

....

- Comment appelle-t-on les organes qui permettent de percevoir les signaux ?

....

DOC. 4 Le traitement des informations

Pour transformer un signal en une information, il faut une action qu'on appelle le traitement. Chez l'homme, le traitement est effectué par le cerveau, qui reçoit le signal perçu par les organes des sens :
- l'œil lui transmet les signaux **visuels** ;
- le nez lui transmet les signaux **olfactifs** ;
- la bouche lui transmet les signaux **gustatifs** ;
- les oreilles lui transmettent les signaux **sonores** ;
- la peau lui transmet les signaux **tactiles**.

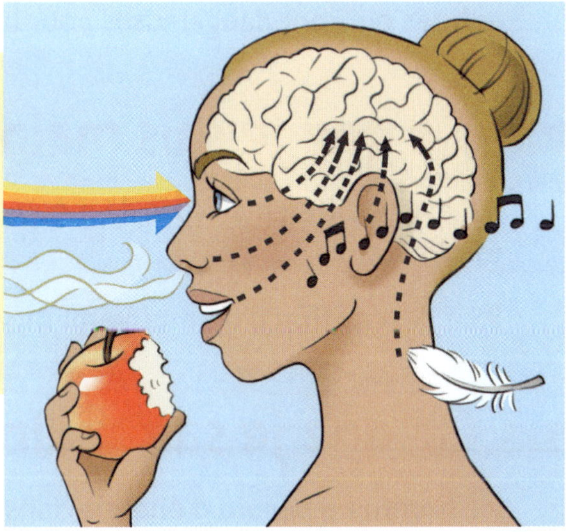

J'ai compris que...

Les mots clés
signal
émetteur
récepteur
traitement

Bilan

La matière, le mouvement, l'énergie, l'information

Ce que je sais maintenant sur la matière

Dans un liquide, un objet **flotte** si sa **densité** est **plus faible** et **coule** si sa **densité** est **plus importante** que celle du liquide.

Certains solides sont solubles dans l'eau (le sel, le sucre), d'autres ne le sont pas (le sable).

Certains liquides sont miscibles (l'eau et le vinaigre), d'autres ne le sont pas (l'eau et l'huile).

Des gaz et des liquides peuvent se mélanger : c'est le cas du dioxyde de carbone dissout dans l'eau pétillante.

Des gaz peuvent se mélanger entre eux : c'est le cas dans l'air qui contient principalement de l'azote et de l'oxygène. Un **air pollué** peut contenir des **poussières solides** qui sont dangereuses pour la santé.

Ce que je sais maintenant sur le mouvement

Il existe différents types de mouvements, par exemple **les mouvements rectilignes et circulaires**.

La description d'un mouvement varie en fonction de **la position de l'observateur**.

Ce que je sais maintenant sur l'énergie

L'homme a besoin d'énergie dans la vie de tous les jours pour vivre (se nourrir), se déplacer, se chauffer, s'éclairer.

Il existe différentes sources d'énergie que l'on peut classer en deux catégories : **les énergies renouvelables** produites grâce à l'eau, le vent, le soleil, le bois... et **les énergies non renouvelables** produites à partir du pétrole, du charbon, du gaz naturel, de l'uranium.

L'énergie existe sous plusieurs formes : énergie de mouvement, chimique, thermique, électrique, lumineuse...

L'énergie peut se **transférer** d'un système vers un autre ou se **convertir** d'une forme vers une autre (un alternateur convertit une énergie de mouvement en énergie électrique).

Ce que je sais maintenant sur l'information

- Pour transmettre une information, on peut utiliser **différents types de signaux** (visuels ou sonores par exemple).
- Les êtres vivants perçoivent les signaux grâce aux **organes des sens** et les comprennent grâce au traitement opéré par **le cerveau**.

Maintenant je sais faire

Comprendre et m'exprimer en utilisant un langage scientifique
(domaine 1 du socle commun)
J'ai utilisé un vocabulaire précis concernant les propriétés des matériaux, j'ai analysé des schémas spécifiques sur la composition de l'air ou encore sur les énergies. J'ai aussi compris la situation de communication en identifiant émetteur et récepteur.

Chercher les informations au sein de différentes sources documentaires
(domaine 2 du socle commun)
J'ai exploité les données de textes et d'images scientifiques afin de comprendre les causes et les dangers de la pollution de l'air.

Adopter une attitude citoyenne en identifiant les enjeux environnementaux du monde dans lequel je vis
(domaine 3 du socle commun)
J'ai compris que la pollution de l'air peut être dangereuse pour la santé et qu'il est donc important de veiller à la qualité de l'air qui nous entoure.

Observer, décrire, avoir recours à une démarche d'investigation
(domaine 4 du socle commun)
En suivant un protocole expérimental, j'ai vérifié qu'il y a conservation de la masse des différents constituants lors d'un mélange.

Relier des problèmes scientifiques à des problèmes environnementaux
(domaine 5 du socle commun)
À travers l'étude des énergies et de la pollution de l'air, j'ai compris que les progrès réalisés dans le domaine des sciences pouvaient permettre de limiter la pollution (énergies renouvelables).

Le vivant
sa diversité et les fonctions qui le caractérisent

Ce que je sais déjà

Les choses **non vivantes et naturelles** appartiennent au **monde minéral**.

Un être vivant se développe en suivant différentes étapes.

- Pour **les animaux** : **la naissance**, **la croissance** et **le développement**, **la reproduction**.
- Pour **les plantes à fleurs** : **la germination** de la graine, **la croissance** et **le développement**, **la reproduction**.

Pour vivre et grandir, les plantes ont besoin d'**eau**, de **lumière** et de **minéraux**.

Pour être en bonne santé, il est important de pratiquer une **activité physique** régulière, de bien **dormir** et d'avoir une **alimentation variée et équilibrée**.

Les familles d'aliments

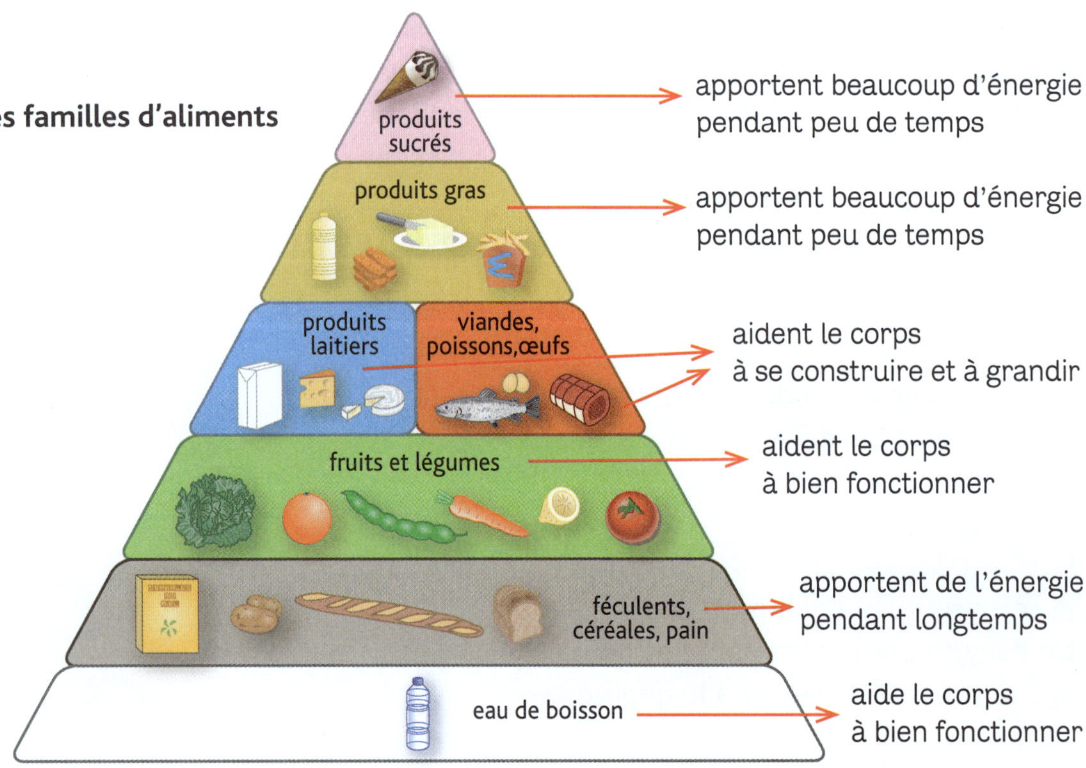

8 Que peut nous apprendre l'observation d'un être vivant ?

Je me demande

1 Sur le **DOC. 1**, choisis un animal et un végétal. Fais-les deviner à un camarade en les décrivant. Tu dois commencer toutes tes phrases par « Il a ».

....

....

DOC. 1 La vie dans et autour d'un étang

Je cherche

À quoi doit-on être attentif pour bien décrire un animal ?

2 Sur le **DOC. 2**, observe le corps des animaux qui peuplent le milieu de vie autour de l'étang.

Exemples d'éléments caractéristiques	
• yeux	• 2 paires de membres
• bouche	• 4 doigts
• plumes	• coquille
• poils	• pattes articulées par une carapace externe
• peau nue	• sabots
• corps mou	

■ Note pour chaque animal les éléments qui te semblent utiles pour le décrire. Tu peux utiliser les éléments de la liste ou en utiliser d'autres.

– Escargot : ....

– Scarabée : ....

– Canard : ....

– Rainette : ....

– Cerf : ....

DOC. 2 Des animaux en gros plan

une rainette

un canard

un cerf

un escargot

un scarabée

À quoi doit-on être attentif pour bien décrire un végétal ?

3 Sur le **DOC. 3**, observe les végétaux qui peuplent le milieu de vie autour de l'étang.

Note, pour chaque végétal, les éléments qui te semblent utiles pour les décrire.
Tu peux utiliser les éléments de la liste ou en utiliser d'autres.

Exemples d'éléments caractéristiques

- tiges
- feuilles minuscules
- grandes feuilles
- racines
- fruits
- petits tas de grains sous les feuilles

DOC. 3 Des végétaux en gros plan

une fougère

de la mousse

un noisetier

– Noisetier : ....

– Mousse : ....

– Fougère : ....

Un élément caractéristique du corps d'un être vivant, qui permet de le décrire, s'appelle **un caractère**.

J'ai compris que...

Les mots clés
caractère
décrire
animal
végétal

9 Comment peut-on regrouper les êtres vivants ?

Je me demande

1 Observe le **DOC. 1**. Quels caractères communs à tous ces animaux peux-tu trouver ?

....

....

DOC. 1 Des animaux vivant dans et autour de l'étang

un renardeau

une écrevisse

une araignée

un aigle

Je cherche

Comment utiliser les caractères pour classer ?

2 À partir des photos du **DOC. 1** et de celles de la fiche 8, trace un + dans la case quand l'animal possède le caractère correspondant.

Caractères	Écrevisse	Scarabée	Renard	Araignée	Canard	Cerf	Rainette	Escargot	Aigle
Il a une bouche et des yeux.									
Il a au moins 3 paires de pattes articulées par une carapace qui recouvre tout son corps.									
Il a un corps mou avec une coquille.									
Il a 2 paires de membres (pattes ou ailes).									
Il a des poils et des mamelles.									
Il a des plumes.									
Il a 4 doigts par patte (avant).									
Il a des sabots.									

3 À partir du tableau, classe les animaux dans les ensembles comme dans l'exemple.
Puis aide-toi du **DOC. 2** pour écrire le nom scientifique dans chaque étiquette.

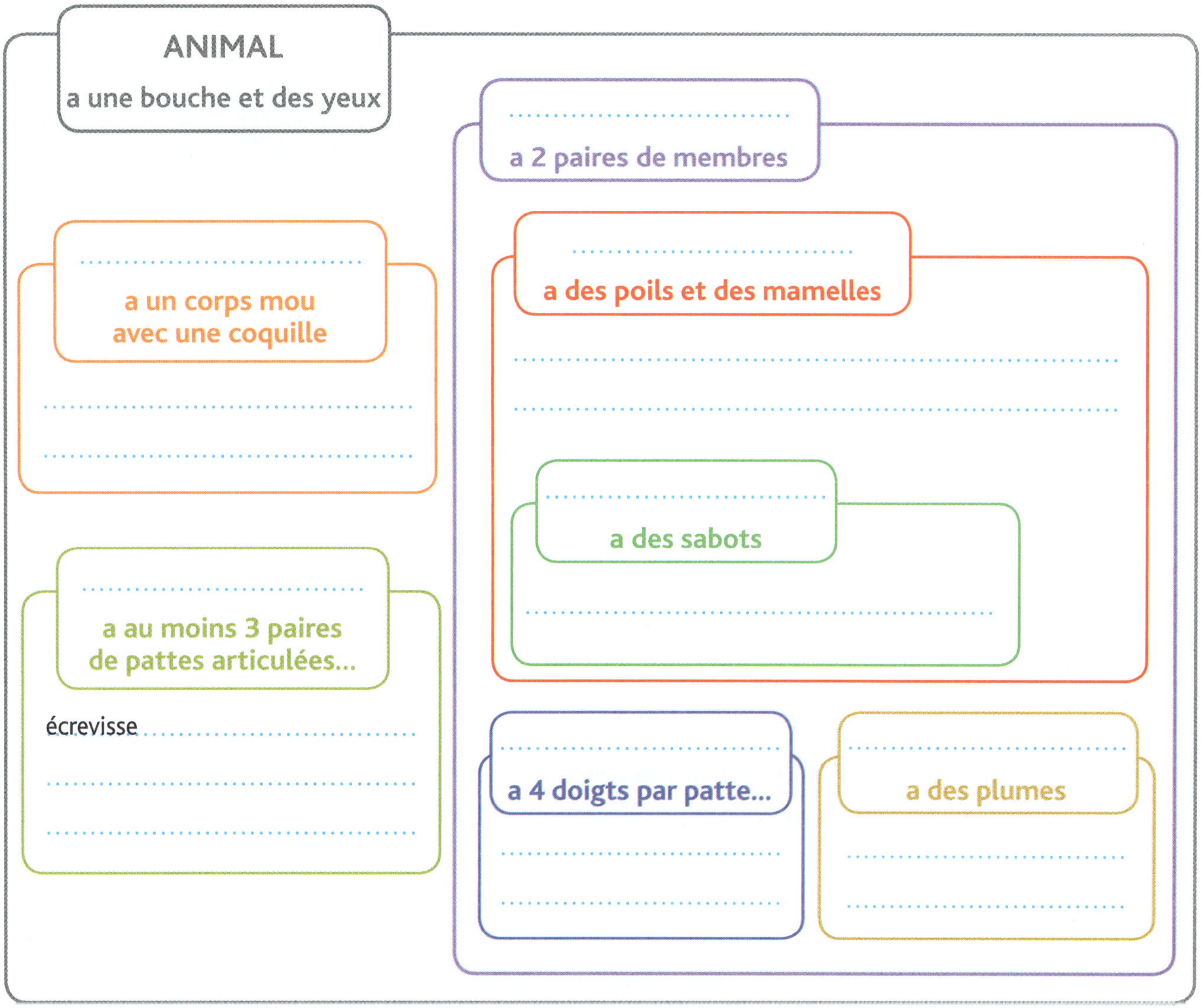

DOC. 2 Noms donnés par les scientifiques à des groupes d'animaux

Le grand ensemble des animaux qui possèdent deux paires de membres est appelé l'ensemble des **tétrapodes**. Ce mot a été formé à partir de deux mots grecs : *tétra* signifiant « quatre » et *podos* pour « pieds, pattes ». Dans cet ensemble, on retrouve **les oiseaux**, nom qui regroupe les animaux ayant des plumes, **les amphibiens**, qui ont quatre doigts par patte (avant), et **les mammifères**. Tous les mammifères ont des poils et les femelles allaitent leurs petits. Dans le groupe des mammifères existent des sous-groupes, comme **les ongulés** qui ont des sabots. Le grand ensemble **des arthropodes** rassemble les animaux dont la surface du corps, y compris les pattes, est recouverte d'une sorte de carapace articulée formant un squelette externe. Ce mot vient aussi du grec (de *arthros* qui signifie « des articulations »).
On utilise le terme de **mollusques** pour désigner les animaux à corps mou avec une coquille.

Regrouper les êtres vivants selon leurs caractères communs dans des ensembles emboités consiste à les classer.

Que nous apprend le classement par ensembles emboités ?

4 Le cerf fait partie du sous-ensemble vert.
Liste ses caractères.

....

....

....

....

....

5 Donne des exemples pour chacune des affirmations.

A Les animaux qui appartiennent à un sous-ensemble possèdent les caractères du grand ensemble qui les contient.

Le/La .... qui appartient au sous-ensemble des ....
possède les caractères des ....:
il a/elle a ....

B Les animaux de deux sous-ensembles appartenant au même ensemble ont plus de caractères communs entre eux qu'avec un animal d'un autre ensemble : ils sont plus proches entre eux (ils ont des liens de parenté) qu'avec l'animal de l'autre ensemble.

Le/la .... a plus de caractères communs avec le/la ....
qu'avec le/la ....
Le/la .... et le/la .... sont plus proches
entre eux qu'avec le/la ....

J'ai compris que...

Les mots clés
êtres vivants
ensembles emboités
caractères communs
parenté
proches

10 D'où viennent les aliments ?

Je me demande

1 À ton avis, qu'est-ce qui a servi à préparer ce dessert (DOC. 1) ?

....

....

....

....

DOC. 1 Une tarte

Je cherche

Quels aliments peuvent être produits dans une ferme ?

2 Relie les étiquettes pour retracer le chemin depuis la production jusqu'à la transformation de chaque aliment.

Culture ou élevage	Ce qui est récolté ou obtenu	Ce que l'on en fait
 •	•  •	• 
 •	•  •	• 
 •	•  •	• 
 •	•  •	• 

Comment les céréales sont-elles produites et transformées ?

3 Numérote les étapes dans l'ordre et complète les légendes.

[.....]

L'agriculteur .... les graines.

[.....]

Le meunier (on dit aussi minotier) transforme la céréale en ....

[.....]

Le .... utilise la farine pour préparer pains et pâtisseries.

[.....]

L'agriculteur moissonne les ....

Que se passe-t-il depuis l'élevage jusqu'à l'assiette ?

4 Donne un titre à chacune de ces étapes.

....

J'ai compris que...

Les mots clés
culture
élevage
transformation
consommation

11 Que nous apportent les aliments ?

Je me demande

1 Le **DOC. 1** présente les étiquettes de plusieurs produits alimentaires. Quelles informations nutritionnelles retrouves-tu à chaque fois ?

....

....

■ À ton avis, pourquoi les valeurs ne sont-elles pas toujours les mêmes d'un aliment à l'autre ?

....

....

DOC. 1 Valeurs pour 100 grammes d'aliment

Beurre doux
Énergie : 745 kilocalories
Matières grasses : 82,2 g
Glucides : 1 g
Protéines : 0,7 g
Calcium (minéral) : 16,5 mg

Riz
Énergie : 366 kilocalories
Matières grasses : 1,2 g
Glucides : 81 g
Protéines : 7 g
Fibres : 1,7 g

Biscuits
Énergie : 465 kilocalories
Matières grasses : 17 g
Glucides : 69,8 g
Protéines : 6,5 g

Jambon
Énergie : 111 kilocalories
Matières grasses : 2,2 g
Glucides : 0,7 g
Protéines : 22 g

Yaourt
Énergie : 74 kilocalories
Matières grasses : 3,5 g
Glucides : 6,1 g
Protéines : 4,5 g
Calcium (minéral) : 155 mg

Soupe de légumes de Méditerranée
Énergie : 35 kilocalories
Matières grasses : 0,4 g
Glucides : 3,9 g
Protéines : 0,9 g
Magnésium (minéral) : 9,2 mg
Vitamine C : 21 mg
Fibres : 3 g

Le mot juste

Sur l'étiquette d'un produit alimentaire, on indique la quantité de matières grasses. Cela correspond aux **lipides**. Pour le sucre, les scientifiques utilisent plutôt le terme de **glucides**, et **protides** pour les protéines. Les lipides, glucides et protides sont des **catégories nutritionnelles**.

Je cherche

Quelles sont les catégories nutritionnelles caractéristiques de chaque famille d'aliments ?

2 Complète le tableau pour chaque famille d'aliments :
- rappelle son rôle prioritaire (tu peux t'aider du Ce que je sais déjà, page 26) ;
- donne un exemple d'aliment en utilisant le **DOC. 1** (il y en a un pour chaque famille) ;
- coche la catégorie nutritionnelle la plus importante ;
- note les apports particuliers dans la dernière colonne.

Familles d'aliments	Rôle prioritaire	Exemples d'aliments	Lipides	Glucides	Protides	Apports particuliers
Produits sucrés						
Produits gras						
Viandes, poissons, œufs						
Produits laitiers						
Fruits et légumes						
Féculents, céréales						

- À quelle(s) famille(s) appartiennent les aliments qui ont une valeur énergétique élevée ?

....

- Dans ces familles, quelles sont les catégories nutritionnelles majoritaires ?

....

Le mot juste
L'énergie se mesure en joules ou en calories. Souvent, c'est le terme de « calorie » que tu peux lire sur les emballages des aliments, mais les scientifiques utilisent **le joule**.

Pourquoi est-ce important de connaitre l'énergie apportée par un aliment ?

3 À l'aide de tes recherches précédentes et du **DOC. 2**, que déduis-tu sur les familles d'aliments à privilégier avant de faire du sport ?

....

....

Que risque-t-il de se passer lorsqu'on mange beaucoup d'aliments appartenant aux familles de produits sucrés ou gras sans activité physique ?

....

....

DOC. 2 L'alimentation, une source d'énergie

L'alimentation nous fournit l'énergie nécessaire au bon fonctionnement du corps humain (respiration, digestion, croissance, activité physique et intellectuelle…). Cette énergie est mesurée en calories.
Entre 8 et 12 ans, un enfant doit consommer entre 2100 et 2300 calories par jour. En dessous de cette quantité, il risque la « sous-nutrition », associée à des défauts de croissance.
Si l'alimentation apporte régulièrement plus de 2600 calories par jour, sans activité physique, les enfants risquent l'obésité. C'est la « surnutrition », qui entraine des problèmes de santé.
À certains moments de la vie, on a besoin de plus de calories : un enfant qui grandit, une femme qui attend un bébé ou qui allaite, quelqu'un qui a une activité physique importante (exemple : un déménageur a besoin de 3500 calories par jour).

© 2007 La Case, www.lacaseauxenfants.org

J'ai compris que…

Les mots clés
protides
lipides
glucides
énergie
besoins
apports

12 Comment un insecte se développe-t-il ?

Je me demande

1 Aujourd'hui, le maitre de Nora a apporté de petits animaux dans la classe : des vers de farine (**DOC. 1**). Décris-le :

....

....

....

DOC. 1 Un ver de farine

- À ton avis, à quoi ressemblera-t-il dans quelques semaines ? Dessine-le.
- Que peux-tu faire pour vérifier ton hypothèse ?

....

....

....

Je cherche

Que faut-il pour élever un ver de farine ?

Ce que je fais

2 Pour observer le développement du ver de farine, les élèves ont décidé d'installer un vivarium dans la classe.
À l'aide du **DOC. 2**, dessine ce qu'il y aura dans le vivarium. Légende ton dessin.

DOC. 2 Mettre en place un élevage de vers de farine

Au fond du vivarium, dispose une couche de 3 à 4 cm de copeaux de bois (litière pour rongeurs) qui permettront aux vers de farine de se protéger de la lumière. Saupoudre de son ou de farine et place un ou deux morceaux de pain sec. Enfin, place une éponge humide bien essorée : elle lui servira d'abreuvoir. Tu peux maintenant ajouter les vers de farine !

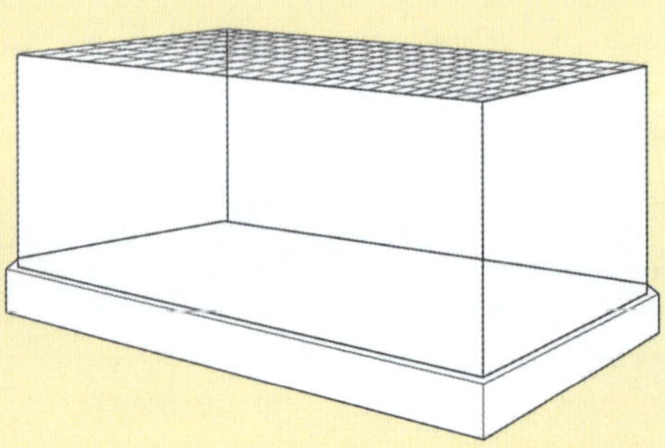

....

....

....

....

3 Complète les phrases.

– Les copeaux de bois permettent aux vers de farine de ....

– Le son, la farine et le pain sec servent de ....

– L'éponge humide leur permet de ....

Comment grandit et se développe le ver de farine ?

4 Reproduis les conditions du vivarium dans un bocal et places-y un ver de farine pour bien observer son développement.

Ce qui se passe

- Mesure-le chaque semaine et complète le tableau. Tu peux aussi représenter ces résultats à l'aide d'un graphique dans ton cahier de chercheur.

Date	....	....	....	....	....	....	....	....	....
Taille	....	....	....	....	....	....	....	....	....

- Qu'observes-tu après plusieurs semaines ?

....

....

- Dessine, avec précision, ce qu'est devenu le ver de farine au bout de 3 à 4 semaines. Décris les parties de son corps.

Description :

....

....

....

....

....

....

- Regarde bien parmi les copeaux. Qu'as-tu retrouvé d'autre ?

....

Ce que je comprends

- Le ver de farine s'est .... en nymphe : c'est la métamorphose.

Le ver de farine est **une larve**. Le stade de **la nymphe** suit celui de la larve.
Au cours de la transformation, le ver de farine se débarrasse de son ancienne carapace : il **mue**.

Que devient la nymphe ?

5 Dessine ce que devient la nymphe après une dizaine de jours. Fais plusieurs dessins pour montrer l'évolution et écris la date.

Date :	Date :	Date : ....

La nymphe s'est transformée en ténébrion adulte.
Le stade adulte est le stade qui suit le stade de la nymphe.

Comment les ténébrions adultes se reproduisent-ils ?

6 Après avoir lu le DOC. 3, donne un titre à la photo.

DOC. 3 La reproduction du ténébrion

Pour cette reproduction sexuée, le mâle monte sur la femelle, lors de l'accouplement, et introduit son pénis dans un petit orifice situé à la base de l'abdomen de la femelle. Il libère alors des spermatozoïdes. Quand un spermatozoïde rencontre un ovule de la femelle, celui-ci devient un œuf : c'est la fécondation. Au cours de sa vie, la femelle pond plusieurs centaines d'œufs qui deviendront des larves au sens scientifique (des « vers » dans le langage courant).

....

7 En t'aidant du DOC. 3, complète le texte.

La reproduction qui implique une femelle et un mâle est appelée reproduction ....

Quand un .... rencontre un .... il y a .... et formation d'un œuf.

DOC. 4 Ténébrion adulte et ses œufs

8 Complète le cycle de vie du ténébrion.

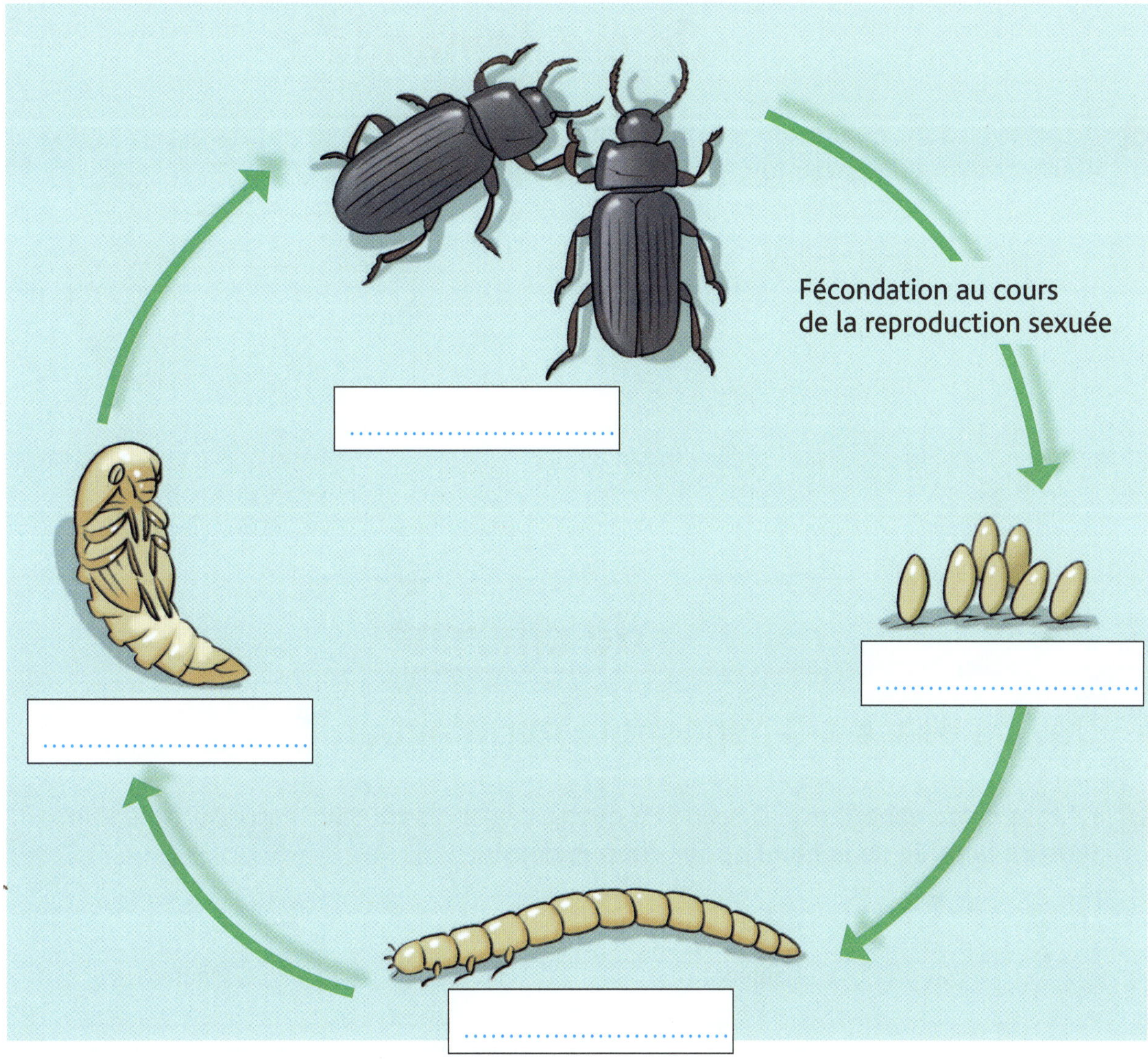

J'ai compris que...

Les mots clés
stades
larve
nymphe
adulte
reproduction sexuée

13 Quelles sont les étapes de la vie d'une plante à fleurs ?

Je me demande

1 À ton avis, dans quel ordre les différents éléments vont-ils sortir lors de la germination ?

....

....

....

....

DOC. 1 Une graine de haricot

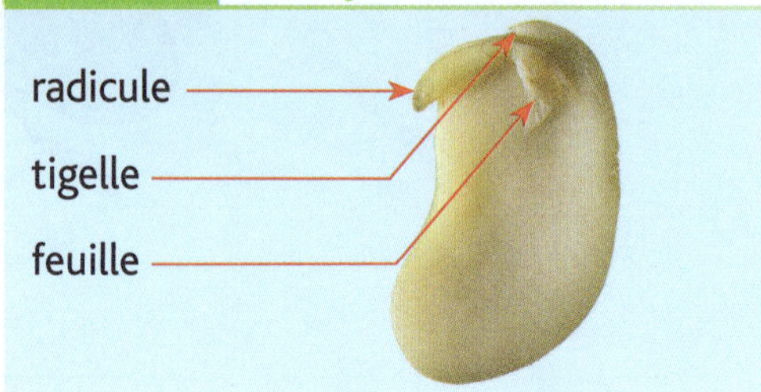

Je cherche

Que se passe-t-il pendant la germination ?

2 Réalise cette expérience. Dessine ce que tu observes tous les deux ou trois jours. Mesure la taille de la plante pour chaque dessin.

Date :	Date : .... Hauteur :	Date : .... Hauteur :	Date : .... Hauteur : ....
 *Graines de haricot sur du coton humide.*			

■ Lis de **DOC. 2**. Légende tes dessins à l'aide des mots en gras.

DOC. 2 Chaque composant d'une graine a un rôle

Toutes les graines se composent d'un **germe** (ou plantule) et de réserves nutritives (**cotylédon**), le tout étant protégé par une enveloppe (le **tégument**).
La plantule est elle-même formée d'une **radicule**, à l'origine de la racine, d'une **tigelle**, à l'origine de la tige, et d'une **petite feuille**.
Le tégument protège la jeune plante et l'empêche de se réhydrater trop tôt, lorsque la chaleur n'est pas suffisante.

Complète le texte à l'aide de ce que tu as observé :

L'élément qui sort en premier est la .... Elle permet à la plantule d'absorber l'eau nécessaire à son développement. Ensuite, la .... sort, puis les .... se déploient.

Comment se développe une plante à fleurs ?

3 Fais maintenant germer des graines de tomates-cerises dans des fonds de bouteille plastique contenant du terreau. Une fois le plant sorti, dessine précisément ce que tu observes à différentes étapes et mesure la tige.

Date : .... Taille de la tige :	Date : .... Taille de la tige :	Date : .... Taille de la tige : ....

Continue de dessiner la plante chaque semaine dans ton cahier de chercheur.

Qu'est-ce qui apparait quand la plante est adulte ? ....

Note la date de cette observation : ....

Complète les phrases :

Après la germination, la tige et .... apparaissent et grandissent.

Quand la plante est adulte, des .... se développent : c'est la **floraison**.

Que deviennent les fleurs ?

4 Prélève une fleur du plant de tomate que tu as cultivé et dessine-la dans ton cahier de chercheur. Utilise le **DOC. 4** pour légender ton dessin.

DOC. 3 Une fleur de tomate cerise

DOC. 4 Une fleur de lis

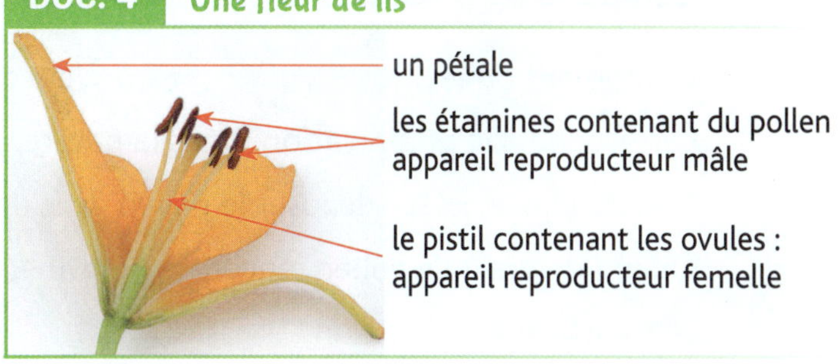

Compare les étamines de la fleur de tomate cerise et les étamines de la fleur de lis sur le **DOC. 4**. Quelles différences observes-tu ?

....

....

5 Sur le **DOC. 5**, entoure au crayon ce qu'il reste des pétales de la fleur de tomate cerise. Qu'est-elle devenue ?

....

....

Ce phénomène s'appelle la **fructification**.

DOC. 5 Transformation de la fleur de tomate cerise

Que faut-il pour qu'une fleur donne un fruit ?

6 Lis le **DOC. 6** et décris les résultats obtenus dans :

– le cas A : ....

– le cas B : ....

DOC. 6 Compte rendu d'expérience de pollinisation

Pour comprendre le rôle du pollen libéré par les étamines, on recouvre le pistil de deux coquelicots (A et B) d'un sachet qui ne laisse pas passer le pollen.
On laisse la fleur A comme cela. Pour la fleur B, on ouvre le sachet, on dépose rapidement du pollen d'un autre coquelicot sur le pistil, puis on referme le sachet. Le dessin résume l'expérience et montre les résultats obtenus.

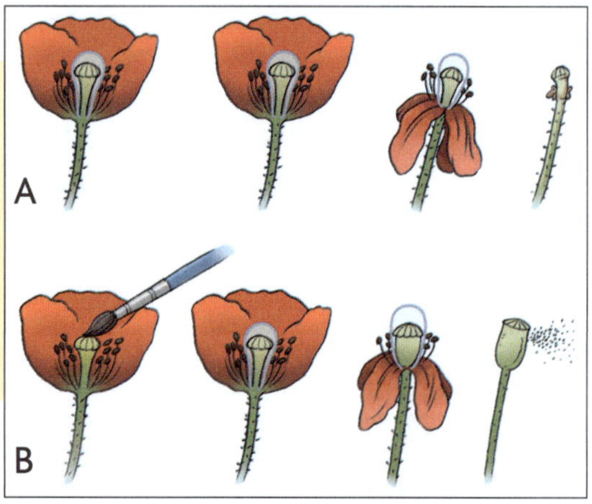

7 Complète les phrases :

Le moment où le .... est déposé sur le .... correspond à la **pollinisation**. Dans la nature, elle est faite par le vent ou les insectes. Dans la classe, il faut déposer le pollen avec un pinceau.
Quand un grain de pollen rencontre un ovule, celui-ci est fécondé. Le pistil de la fleur se transforme alors en un .... qui contient de nouvelles graines.

Que deviennent les fruits ?

8 En t'aidant du **DOC. 7** et de tes observations dans la classe, dessine le plant de tomate cerise à différentes étapes.

DOC. 7 La mort d'une plante

Comme les animaux, les plantes vieillissent et meurent. Après un ou deux cycles de floraison et de fructification, les feuilles flétrissent, les fruits tombent au sol et la plante meurt. Le fruit flétrit à son tour et les graines contenues à l'intérieur vont ainsi être disséminées par le vent, la pluie, les animaux. Les plus résistantes d'entre elles pourront passer l'hiver et donneront naissance à une nouvelle plante au printemps.

L'apparition du premier fruit	La chute du premier fruit	Le flétrissement du premier fruit
Date :	Date :	Date : ....

Le cycle de vie de la plante se compose de plusieurs étapes : de la graine qui lui a donné naissance jusqu'aux nouvelles graines qui lui permettent de se reproduire.

J'ai compris que...

Les mots clés
germination
graine
floraison
fructification
pollinisation

14 Les besoins d'une plante sont-ils les mêmes tout au long de sa vie ?

Je me demande

1 Mila a acheté un sachet de graines pour faire pousser des pois.
À ton avis, que doit-elle apporter à la graine pour qu'elle germe ?

....

....

....

DOC. 1 Des graines à faire pousser

Je cherche

De quoi la graine a-t-elle besoin pour germer ?

2 Réalise une des expériences suivantes pour tester l'un des facteurs.
Fais-en le compte rendu dans le tableau.

• **Pour tester l'effet de l'eau**, j'arrose régulièrement des graines (A). Je n'arrose jamais les autres (B).

• **Pour tester l'effet de la lumière**, je place des graines à la lumière (A) et d'autres à l'obscurité (B). Je les arrose toutes.

• **Pour tester l'effet de la température**, je place des graines près du radiateur (A) et d'autres à l'extérieur de la classe (B). Elles sont toutes arrosées régulièrement et à la lumière.

• **Pour tester l'effet des sels minéraux**, je place des graines sur du coton imbibé d'eau déminéralisée (A) et d'autres sur du coton avec de l'eau du robinet (B).

Facteur testé :				
Ce que je fais	**Ce qui se passe**			
Conditions	**1er jour** Date : .... Hauteur :	**5e jour** Date : .... Hauteur :	**8e jour** Date : .... Hauteur :	**11e jour** Date : .... Hauteur : ....
A				
B				
Ce que je comprends				
....				

Après avoir écouté les résultats de tous les groupes, indique quels facteurs sont nécessaires à la germination.

....

....

Après la germination, qu'est-ce qui permet à une plante de grandir ?

3 Des scientifiques se sont demandé si une plante a aussi besoin de dioxyde de carbone (CO_2) pour grandir. Lis leur compte rendu (**DOC. 2**) et réponds aux questions.

DOC. 2 Compte rendu d'expériences faites par des scientifiques

Toutes les plantes sont arrosées et placées à la lumière du jour. Sous la cloche **B**, le dioxyde de carbone est éliminé par la potasse placée dans la coupelle.

Dans quel cas la plante ne grandit-elle plus ? Indique ce que tu as compris de cette expérience concernant la croissance de la plante.

....

La plante fabrique donc sa propre matière à partir d'eau, de lumière, de sels minéraux et de CO_2. On dit que les végétaux sont des producteurs de **matière organique**.

J'ai compris que...

Les mots clés
germer
eau
chaleur
sels minéraux
dioxyde de carbone
matière organique

15 Quelle matière est consommée et produite par les êtres vivants ?

Je me demande

1 Observe le **DOC. 1**. À l'oral, avec tes camarades, détermine tout ce qui peut servir de nourriture à un être vivant.

DOC. 1 La vie autour de la rivière

Je cherche

Quelles sortes de matière consomment les êtres vivants ?

2 Écris la chaine alimentaire présentée dans le **DOC. 1**. Pour chacun des quatre maillons, précise s'il se nourrit de matière organique ou minérale.
Aide-toi du Ce que je sais déjà page 26 et de la fiche 14 pour répondre.

	→		→		→	
....		....		....		....
se nourrit de matière		se nourrit de matière		se nourrit de matière		se nourrit de matière ....

■ Un animal peut-il consommer de la matière organique et de la matière minérale ? Justifie ta réponse à partir du **DOC. 1**.

....

On appelle **consommateur** un être vivant qui se nourrit de matière organique (produite par un autre être vivant).

En t'aidant de ce que tu as appris dans la fiche 14, complète la phrase :

Les végétaux se nourrissent de matière .... et fabriquent ainsi leur propre matière ....

Sous quelle forme peut se trouver la matière organique ?

3 Indique sous quelle forme la matière organique a été produite par un être vivant. Relie chaque dessin à la bonne étiquette.

L'animal ou le végétal lui-même	Le cadavre de l'animal ou le végétal mort	Les excréments

Dans quel(s) cas la matière organique :

– appartient-elle encore à un organisme vivant ? ....

– n'appartient-elle plus à un organisme vivant ? ....

Les êtres vivants produisent de la matière organique sous différentes formes : ce sont des producteurs.

J'ai compris que...

Les mots clés
matière minérale
matière organique
consommateurs
producteurs

Bilan

Le vivant, sa diversité et les fonctions qui le caractérisent

Ce que je sais maintenant

Certains êtres vivants présentent **des caractères communs** qui témoignent de liens de **parenté**. Pour classer les êtres vivants, on peut utiliser **des ensembles emboités**.

Le chat et le tigre présentent de nombreux caractères communs.

Les aliments que nous consommons proviennent d'**élevages** et de **cultures**. Ces aliments apportent **l'énergie nécessaire au bon fonctionnement de notre corps**.

Un élevage de moutons

Une culture de pommes de terre

Au cours de leur vie, les organismes vivants subissent **des transformations** : ils se développent et deviennent capables de se reproduire. Au cours de ces transformations, **les besoins nutritifs** des organismes **évoluent**.

Les différentes étapes de la métamorphose du papillon

Les différentes étapes de développement d'un plant de pissenlit

Les premiers êtres vivants produisant de la matière organique sont **les végétaux**. Ces derniers sont ensuite consommés par **les animaux**, qui produisent également **leur propre matière organique**.

Maintenant je sais faire

Comprendre et m'exprimer en utilisant un langage scientifique
(domaine 1 du socle commun)
J'ai organisé mes observations sur les caractères communs entre les êtres vivants en utilisant des ensembles emboités.

Chercher les informations dans un texte documentaire
(domaine 2 du socle commun)
J'ai lu différents textes documentaires afin d'y trouver les réponses aux questions que je me posais.

Adopter une attitude citoyenne en identifiant les enjeux environnementaux du monde dans lequel je vis
(domaine 3 du socle commun)
Je sais qu'il existe différents modes de cultures et d'élevages.

Observer, décrire, avoir recours à une démarche d'investigation
(domaine 4 du socle commun)
Afin de mieux comprendre les différentes étapes de la vie des êtres vivants, j'ai mis en place un élevage de vers de farine et une culture de plants de tomates cerises. J'en ai réalisé une observation suivie.

Matériaux
et objets techniques

Ce que je sais déjà sur les objets techniques

Les humains fabriquent des objets techniques pour **répondre à leurs besoins**. Ces **objets** peuvent être **mécaniques** ou fonctionner avec l'**électricité**.

Un objet mécanique : le taille-haie (la cisaille)

Un objet électrique : la tondeuse à gazon

Les **matériaux conducteurs** laissent passer l'électricité, contrairement aux **matériaux isolants**.

Le courant du secteur est dangereux : il peut provoquer des brulures et des électrocutions.

Ce que je sais déjà sur l'environnement numérique

Pour écrire un texte, je peux utiliser **un logiciel de traitement de texte**. Je sais taper différents **signes de ponctuation** à l'aide du clavier et **mettre en forme** les caractères ou les paragraphes.

Pour corriger les erreurs d'orthographe, je peux utiliser **le correcteur orthographique**.

16 Pourquoi les objets évoluent-ils au fil du temps ?

Je me demande

1 Observe les images, puis retrouve l'année qui correspond à chaque téléphone :

1900	1950	1970	2016

....

- Quelles différences observes-tu entre le premier modèle et le dernier modèle ?

....

- À ton avis, pourquoi le téléphone a-t-il évolué ainsi ?

....

Je cherche

Comment ont évolué les besoins des utilisateurs ?

2 Lis les **DOC. 1** et **2**, observe les photos.

DOC. 1 La vie au début du XXe siècle

Au XIXe siècle, la plupart des hommes et des femmes vivaient à la campagne, dans des fermes ; ils étaient cultivateurs.
Mais au début du XXe siècle, les villes ont grandi, les usines se sont développées, et beaucoup d'hommes sont allés y travailler ; ils étaient ouvriers. Beaucoup d'entre eux vivaient près de l'usine et s'y rendaient à pied, à bicyclette, à cheval ou en tramway. Seules quelques familles riches possédaient une voiture.
Pendant leur temps libre, les enfants jouaient avec des soldats de plomb, des billes, des cerceaux en bois ou encore des osselets.

DOC. 2 **La vie aujourd'hui**

Aujourd'hui, les hommes et les femmes travaillent souvent à plusieurs dizaines de kilomètres de leur domicile. Pour aller travailler, ils passent du temps dans leur voiture ou dans les transports en commun. Certains prennent l'avion ou le train plusieurs fois par semaine pour leur travail, car leur entreprise peut avoir des activités dans le monde entier ! Pour le travail ou les loisirs, ils communiquent facilement par téléphone ou par Internet. Ils peuvent avoir des nouvelles de leurs amis ou de leur famille très facilement.
Durant leurs loisirs, enfants et adolescents aiment écouter de la musique, partager leurs moments de vie sur les réseaux sociaux, en se téléphonant ou encore jouer à des jeux vidéos et prendre des *selfies*. Certains aiment aussi jouer aux jeux de société.

À quels besoins des utilisateurs d'aujourd'hui le téléphone portable correspond-il mieux ?

– pour le travail ? ....

....

– dans les transports ? ....

....

– pour les loisirs ? ....

....

Les objets techniques évoluent pour répondre aux **nouveaux besoins** des personnes qui les utilisent.

Cite d'autres objets qui, comme le téléphone, ont beaucoup évolué au cours du siècle dernier.

....

....

Qu'est-ce qui permet l'évolution des objets ?

3 Observe le **DOC. 3**. Que peux-tu dire de la taille des composants qui se trouvent à l'intérieur d'un téléphone portable de nos jours ?

....

■ Aurait-on su construire un tel téléphone en 1910 ? Pourquoi ?

....

....

DOC. 3 Les composants d'un téléphone en 1910 et de nos jours

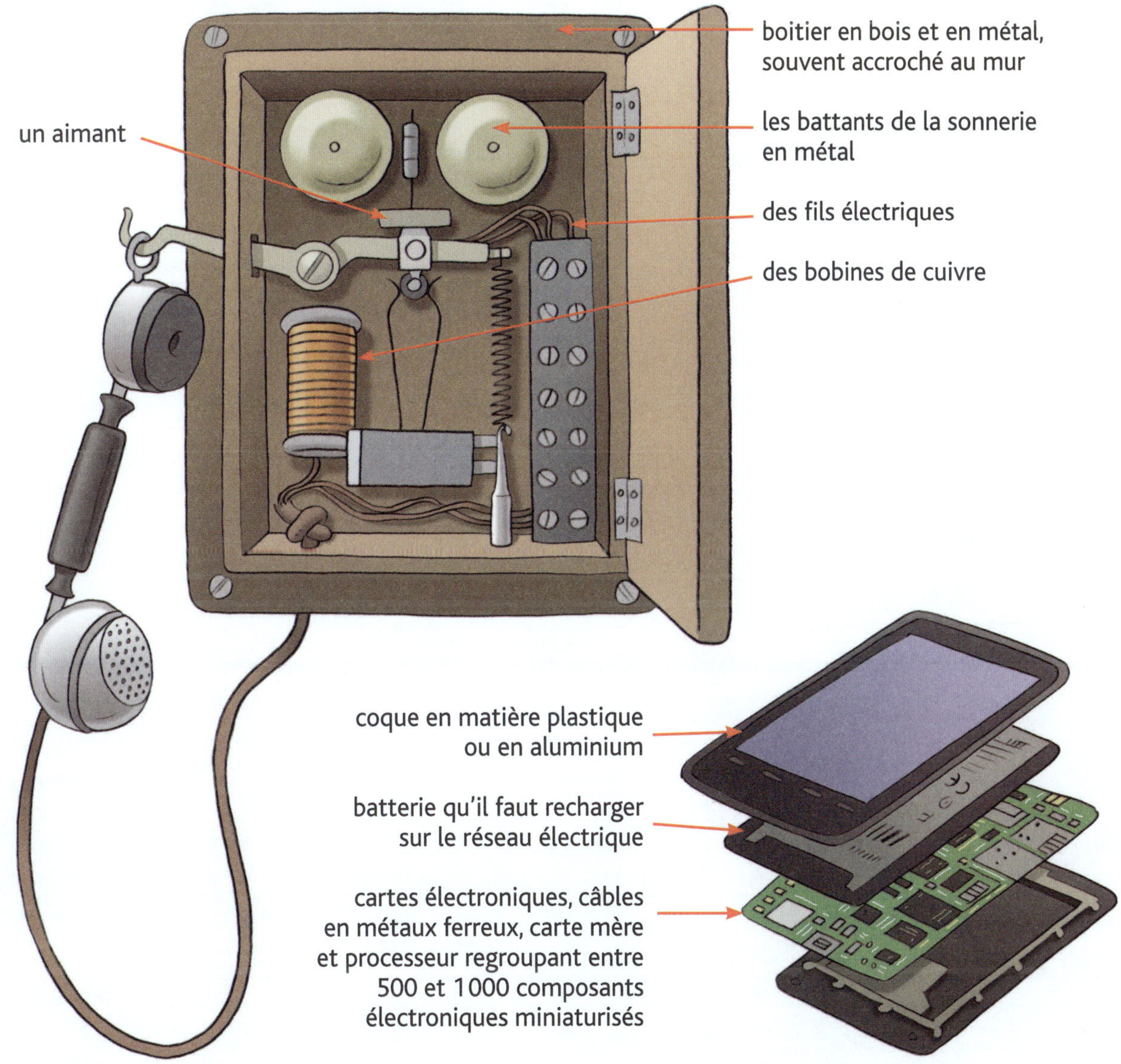

L'évolution technologique correspond à l'ensemble des inventions et des nouvelles techniques développées par l'être humain.

Quels sont les avantages et les inconvénients de cette évolution ?

4 Lis le **DOC. 4**, puis complète le tableau en comparant le téléphone de 1910 et celui d'aujourd'hui. Aide-toi aussi du **DOC. 3**.

DOC. 4 L'impact environnemental du téléphone portable

Le téléphone portable ne pèse pas plus de 100 g, mais il est gourmand en énergie et en matériaux rares ou toxiques. De sa fabrication à sa destruction en passant par son utilisation, un téléphone portable épuise autant de matières premières que l'extraction de 7,4 kg de cuivre.
Ces matières premières sont, pour la plupart, extraites dans des mines en Afrique, en Asie ou en Amérique du Sud. Elles dévastent souvent le paysage et polluent localement le sol et l'eau. Les ouvriers y travaillent dans des conditions pénibles et parfois dangereuses.
Les matières sont ensuite traitées et transportées jusqu'aux usines de fabrication. Toutes ces opérations consomment de l'énergie, produisent des déchets et dégagent des gaz qui polluent l'atmosphère.

	Téléphone de 1910	Téléphone actuel
Matériaux utilisés	....	....
Principe de fonctionnement	....	....
Esthétique	....	....
Impact environnemental	....	....

J'ai compris que...

Les mots clés
besoins
évolution technologique
impact environnemental

17 Comment trouver une information fiable sur Internet ?

Je me demande

1 Tu as vu dans la fiche 16 que les coques des téléphones portables peuvent être en aluminium. En revanche, ce matériau n'était pas utilisé en 1910. À ton avis, pourquoi ?

....

....

- Quels moyens peux-tu utiliser pour chercher des informations sur ce matériau ?

....

Je cherche

Que doit-on utiliser pour chercher une information sur Internet ?

2 Pour démarrer Internet sur ton ordinateur, tu dois utiliser un navigateur. Relie chaque logo au nom du navigateur correspondant.

Mozilla Firefox	Google Chrome	Internet Explorer

3 Pour effectuer rapidement une recherche d'informations, tu dois ensuite utiliser un moteur de recherche, comme celui-ci.

- Quel(s) mot(s) taperais-tu pour connaitre l'histoire de l'aluminium ?

....

....

- Effectue la recherche en tapant les mots indiqués, puis complète le tableau.

	En tapant « aluminium »	En tapant « aluminium histoire »
Nombre de résultats trouvés		
Adresse du site proposé en 1er		
Adresse du site proposé en 2e		

Quand on effectue une recherche sur Internet, on doit saisir des mots précis dans la barre de recherche : ce sont **des mots-clés**.

Les informations trouvées sur Internet sont-elles fiables ?

4 Trouves-tu des informations sur l'histoire de l'aluminium sur www.aluminium.fr ?

- As-tu confiance dans les informations qui sont données ? Pourquoi ?

5 Va maintenant sur le site Wikipédia. Te permet-il de connaitre l'histoire de l'aluminium ?

- As-tu trouvé les mêmes informations sur les deux sites ? Compare-les.

- À ton avis, ces informations sont-elles fiables ? Pourquoi ?

J'ai compris que…

Les mots clés

- moteur de recherche
- mot-clé
- source
- vérifier
- fiable

Ce que je sais maintenant sur les objets techniques

▶ **L'évolution technologique** permet de faire évoluer les objets afin qu'ils répondent de mieux en mieux à nos besoins, car nos besoins aussi changent avec le temps (mobilité, facilité d'usage...).

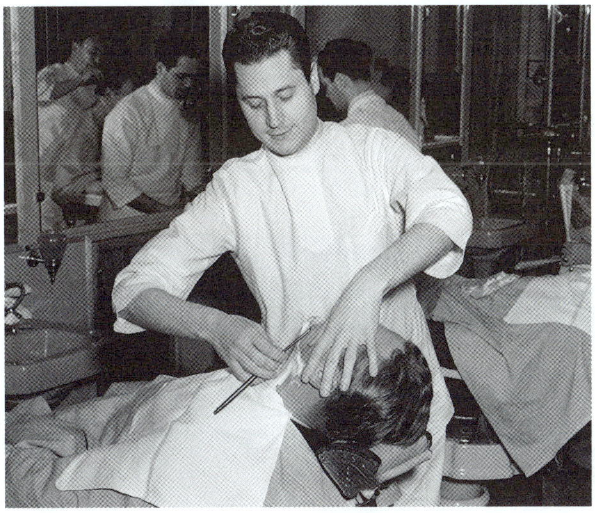

Rasage chez un barbier dans les années 1950

Aujourd'hui, les hommes peuvent se raser en voiture !

▶ Quand on choisit un **matériau** pour la construction d'un objet technique, il est important de penser à son **impact environnemental**, c'est-à-dire à ce qu'il deviendra quand l'objet ne fonctionnera plus ou aux conséquences que son utilisation peut avoir sur la planète.

Extraction de bauxite (en Australie) pour en récupérer l'aluminium

Ce que je sais maintenant sur l'environnement numérique

Quand on recherche une information sur Internet, on utilise un **moteur de recherche**. Il faut faire preuve de **jugement critique**, car toutes les **sources** ne sont pas **fiables**.

Maintenant je sais faire

Comprendre et m'exprimer en utilisant un langage scientifique
(domaine 1 du socle commun)
J'ai analysé des dessins simplifiés de téléphones pour comprendre quelles étaient les différences de matériaux entre le téléphone du début du XXe siècle et celui d'aujourd'hui.

Chercher les informations et interroger l'origine et la pertinence de ces informations dans l'univers du numérique
(domaine 2 du socle commun)
Je sais rechercher des informations sur Internet en utilisant un moteur de recherche, en vérifiant les sources et en faisant preuve de jugement critique.

Adopter une attitude citoyenne en identifiant les enjeux environnementaux du monde dans lequel je vis
(domaine 3 du socle commun)
Je suis conscient-e de l'impact environnemental de certains objets techniques, dans leur fabrication ou leur destruction.

Avoir recours à une démarche d'investigation pour établir des relations de cause à effet
(domaine 4 du socle commun)
Avec l'exemple du téléphone, j'ai compris que les objets techniques s'adaptaient aux besoins des populations.

La planète Terre
Les êtres vivants dans leur environnement

Ce que je sais déjà

Le Soleil éclaire la Terre. La nuit, on ne voit plus le Soleil.

D'une journée à l'autre, la météo peut changer.

Dans un milieu de vie, les animaux et les végétaux forment **des chaines alimentaires**. Le premier maillon d'une chaine est toujours un végétal.

Quand **un maillon** disparait dans un réseau peu développé, toutes les relations sont perturbées : il faut préserver **la biodiversité**, la variété du monde vivant.

18 Pourquoi les journées et les nuits se suivent-elles ?

Je me demande

1 Cette photo est une vue de la Terre depuis l'espace. →
Dessine le Soleil dans le cadre.
Explique pourquoi tu l'as placé à cet endroit.

....

....

....

....

- Entoure la France. Est-ce la journée ou la nuit ?

....

- D'après toi, pourquoi les journées et les nuits se suivent-elles ?

....

....

Je cherche

L'alternance des journées et des nuits s'explique-t-elle par les mouvements des astres ?

2 Lis le **DOC. 1** puis réponds aux questions.

DOC. 1 Ce qu'ont dit les savants à travers l'histoire

Depuis très longtemps, les hommes tentent de comprendre pourquoi il y a une alternance des journées et des nuits.
Dans l'Antiquité, les Égyptiens pensent qu'une déesse appelée Nout avale chaque soir le Soleil et le remet au monde chaque matin.
Au IIe siècle, **Ptolémée**, un savant grec, propose une représentation du système solaire : la Terre y occupe une position centrale. Les autres planètes et le Soleil tournent autour de la Terre.
Au début du XVIe siècle, un astronome polonais, **Copernic**, propose une nouvelle représentation : le Soleil occupe une position centrale, les planètes tournent autour de lui et sur elles-mêmes.
Au début du XVIIe siècle, les travaux de l'Italien **Galilée** confirment que le système de Copernic est plus cohérent que celui de Ptolémée.
Il faudra cependant attendre encore 200 ans pour qu'il soit admis par tous les scientifiques. On pourra alors affirmer que la Terre tourne autour du Soleil en 1 an (**mouvement de révolution**) et sur elle-même autour de l'axe des pôles en 24 heures (**mouvement de rotation**).

Quels sont les mouvements de la Terre par rapport au Soleil dans le système de Ptolémée ?

....

Quels sont les deux mouvements de la Terre proposés dans le système de Copernic, Galilée et leurs successeurs. En combien de temps s'effectuent-ils ?

– Mouvement 1 : .... se réalise en ....

– Mouvement 2 : .... se réalise en ....

La journée correspond à la période pendant laquelle le soleil est visible.
Le jour correspond à une journée et une nuit (24 heures).

Le système de Ptolémée explique-t-il l'alternance des journées et des nuits ?

Ce que je fais/Ce qui se passe

3 Réalise, avec une lampe de poche, une boule de polystyrène et une pique en bois, une maquette qui représente le système de Ptolémée (DOC. 2).

Regarde ce qui se passe en France : que constates-tu ?

....

....

DOC. 2 Modélisation du système de Ptolémée

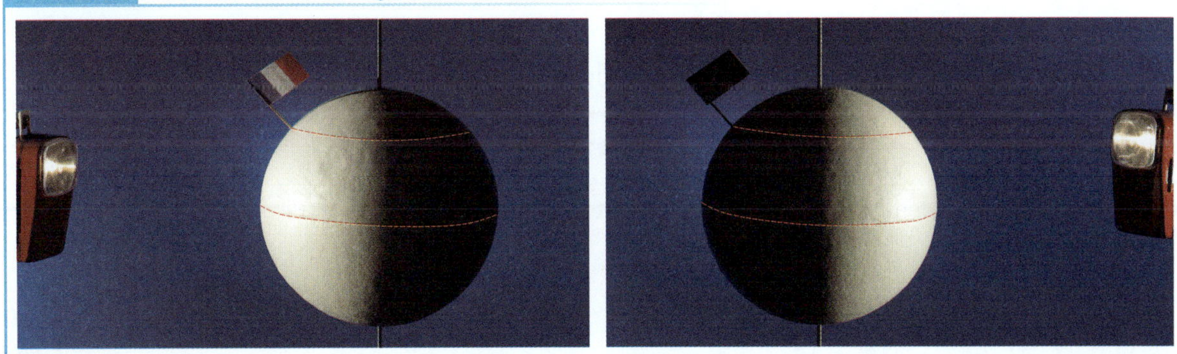

Ce que je comprends

Ce système permet-il d'expliquer l'alternance des journées et des nuits ?

☐ Oui ☐ Non

Te parait-il logique que ce système ait été utilisé pendant des siècles ? Explique ta réponse.

....

....

Et celui de Copernic et ses successeurs ?

4 Avec le même matériel, réalise une maquette de la Terre qui tourne autour du Soleil (**DOC. 3**), puis une maquette de la Terre qui tourne sur elle-même (**DOC. 4**).

DOC. 3 La révolution selon Copernic

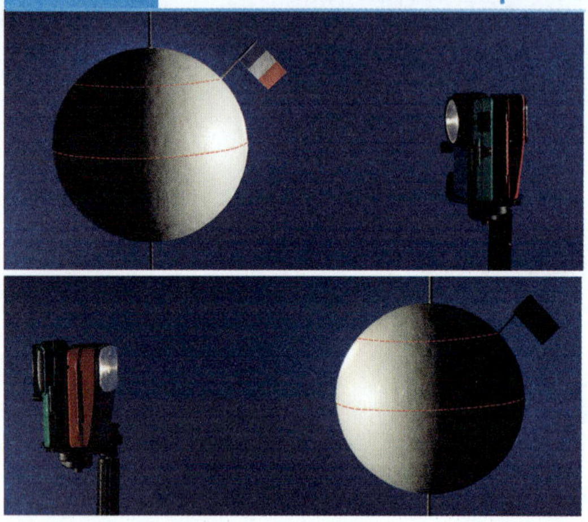

DOC. 4 La rotation selon Copernic

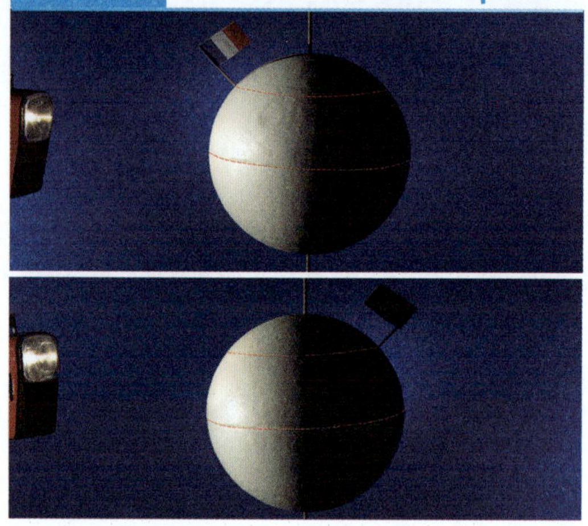

- Regarde ce qui se passe en France : que constates-tu ?

....

- La révolution terrestre permet-elle d'expliquer l'alternance journée/nuit
☐ Oui ☐ Non

- Si oui, en combien de temps la Terre doit-elle tourner autour du Soleil ?

....

- La rotation terrestre permet-elle d'expliquer l'alternance journée/nuit ?
☐ Oui ☐ Non

- Si oui, en combien de temps la Terre doit-elle tourner sur elle-même ?

....

- Quel est donc le mouvement qui explique l'alternance des journées et des nuits ?

....

J'ai compris que...

Les mots clés
Terre
Soleil
rotation
révolution

19 Peut-on réaliser une maquette du système solaire à l'école ?

Je me demande

1 Donne un titre au **DOC. 1**.

- Quel est le nom de l'astre qui se trouve au centre ?

....

- Cite d'autres astres.

....

....

....

....

....

Les lignes blanches sont des lignes imaginaires. Elles représentent la trajectoire des astres.

DOC. 1 ....

Je cherche

Qu'est-ce que le système solaire ?

2 Lis les **DOC. 2 et 3**, puis réponds aux questions.

- Combien y a-t-il de planètes dans le système solaire ?

....

- Quelles sont les deux grandes familles de planètes ?

....

....

- Qu'est-ce qu'une étoile ?

....

....

....

....

DOC. 2 Le système solaire

Au centre de notre système solaire se trouve une étoile : le Soleil. Huit planètes tournent autour de lui (ce mouvement s'appelle la révolution) :
– Mercure, Vénus, la Terre et Mars sont les quatre planètes les plus proches du Soleil : ce sont des planètes rocheuses ;
– Jupiter, Saturne, Uranus et Neptune sont des planètes essentiellement constituées de gaz : elles n'ont pas de sol sur lequel on pourrait se poser. Ces planètes gazeuses sont beaucoup plus grandes que les planètes rocheuses.
Notre planète est particulière puisqu'elle est recouverte aux trois quarts d'eau (océans, mers, lacs...). C'est pour cela qu'on l'appelle la planète bleue.

DOC. 3 Quelle est la différence entre une étoile et une planète ?

Le Soleil est une étoile, c'est-à-dire un astre qui produit de la lumière. Les planètes ne produisent pas de lumière : elles diffusent la lumière du Soleil.

Les étoiles sont d'énormes boules de gaz très chaudes. Leur couleur dépend de leur température.

La température de surface du Soleil est de 6 000 °C.

Comment représenter le système solaire à l'école ?

3 Observe le tableau : la taille des planètes et leur distance par rapport au Soleil sont-elles du même ordre de grandeur ?

☐ Oui ☐ Non

Quelles sont les longueurs les plus grandes ?

☐ Les diamètres des planètes
☐ Les distances au Soleil

	Diamètre des planètes (en km)	Distance par rapport au Soleil (en km)
Soleil	1 392 000	0
Mercure	4 880	58 000 000
Vénus	12 100	108 000 000
Terre	12 756	150 000 000
Mars	6 790	228 000 000
Jupiter	143 000	778 000 000
Saturne	120 600	1 427 000 000
Uranus	51 000	2 870 000 000
Neptune	48 500	4 490 000 000

4 Louise et ses camarades veulent représenter le système solaire dans leur classe.

Mercure étant la plus petite des planètes, leur professeure décide de la représenter par une boule de 1 mm de diamètre.
En gardant la même échelle, elle obtient une distance entre le Soleil et Mercure de 11,9 m.

La maquette te semble-t-elle réalisable en classe ? Pourquoi ?
Pour t'aider, tu peux mesurer ta salle de classe avec l'aide de ton professeur.

....

À ton avis, que faudrait-il changer pour représenter le système solaire à l'école ?

....

Une échelle est le rapport entre une longueur réelle et sa représentation. Par exemple, une échelle de 1/100 signifie que 1 cm sur la carte correspond à 100 cm dans la réalité.

5 Les élèves ont proposé deux solutions (**DOC. 4**).

DOC. 4 Les solutions imaginées par les élèves

Groupe A
Nous utilisons l'échelle de la professeure pour réaliser la maquette dans la cour.

	Diamètre des planètes (en mm)	Distance par rapport au Soleil (en m)
Soleil	285,2	0
Mercure	1	11,9
Vénus	2,5	22,1
Terre	2,6	30,7
Mars	1,4	46,7
Jupiter	29,3	159,4
Saturne	24,7	292,4
Uranus	10,5	588,1
Neptune	10	920,1

Groupe B
Nous utilisons une échelle différente pour les distances et les diamètres.
Nous réaliserons la maquette dans la classe.

	Diamètre des planètes (en cm)	Distance par rapport au Soleil (en cm)
	Échelle 1	Échelle 2
Soleil	143,5	0
Mercure	0,5	1,3
Vénus	1,2	2,4
Terre	1,3	3,3
Mars	0,7	5,1
Jupiter	14,6	17,3
Saturne	12,3	31,8
Uranus	5,2	63,9
Neptune	5	100

- Regarde les résultats du groupe A. Vont-ils pouvoir réaliser une maquette du système solaire dans la cour ? Explique ta réponse.

....

....

- Mesure la longueur de la cour, puis note les planètes qui pourraient y figurer.

....

....

- Dans les résultats du groupe B, regarde la distance entre le Soleil et Neptune. Pourrais-tu réaliser cette maquette dans ta classe ? Pourquoi ?

....

....

- Pourrais-tu représenter le Soleil ? Justifie ta réponse.

....

....

J'ai compris que...

Les mots clés
système solaire
Soleil
Terre
planètes rocheuses
planètes gazeuses

20 Qu'est-ce qui provoque des phénomènes météorologiques comme les cyclones ?

Je me demande

1 Lis le **DOC. 1**, puis observe le **DOC. 2**. Note les trois phénomènes qui se sont produits en Bretagne le 6 février 2014 et les risques qu'ils représentaient pour les habitants de cette région.

....

....

....

....

DOC. 1 Le dispositif de vigilance de Météo-France

Le territoire français est soumis à des phénomènes météorologiques, qui peuvent avoir des conséquences graves. Le dispositif de vigilance de Météo-France est destiné à avertir les autorités et la population en cas de risques dans les 24 heures à venir. La liste des phénomènes couverts (vent violent, orage, pluie-inondation, avalanche…) est adaptée aux risques majeurs en métropole. En outremer, Météo-France participe à un dispositif spécifique pour les cyclones.

D'après www.education.meteofrance.fr

DOC. 2 La carte de vigilance diffusée le 6 février 2014 (© MÉTÉO-FRANCE www.education.meteofrance.fr)

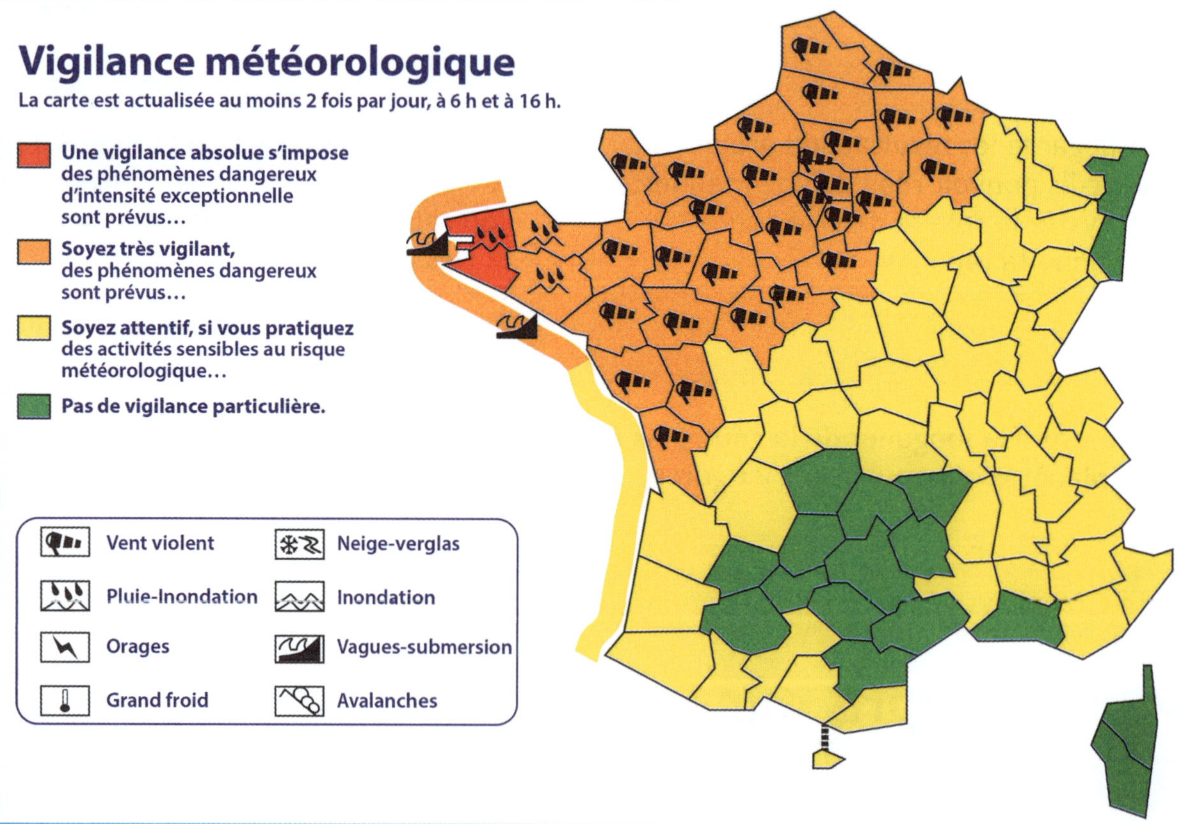

Dans ta région, des phénomènes naturels ont-ils entrainé des dégâts ? Lesquels ?

....

....

....

....

Je cherche

Comment se forme un cyclone ? Quels risques provoque-t-il ?

2 Observe la photo satellite du cyclone Lenny, qui a frappé la Guadeloupe en 1999 (DOC. 3).

DOC. 3 Le cyclone Lenny

océan ....

mer ....

- À l'aide d'une carte, complète les pointillés.

- À ton avis, qu'est-ce qui compose la forme blanche ? Aide-toi du DOC. 4 pour répondre.

....

....

DOC. 4 La naissance d'un cyclone

« La naissance d'un cyclone tropical commence par une rencontre d'air froid et d'air chaud qui "s'enroulent" l'un autour de l'autre et forment une spirale d'air qui va se mettre à la verticale et toucher une surface d'eau. Cette spirale se déplace ensuite d'est en ouest, risquant de s'abattre sur les terres qui se trouvent sur son passage. Le cyclone meurt dès qu'il quitte le courant d'air chaud. »

Wikimini

Après le passage du cyclone Katrina

3 Fais une recherche documentaire sur les cyclones. Liste les risques que représente un cyclone lorsqu'il s'abat sur les terres.

....

....

....

....

Le mot juste

Typhon et **ouragan** sont des synonymes de **cyclone**, qui est le mot générique pour désigner ce phénomène météo.

Comment prévoir les risques pour s'en protéger ?

4 Relie chaque outil de mesure utile en météorologie à sa définition.

Barographe

Pluviomètre

Anémomètre

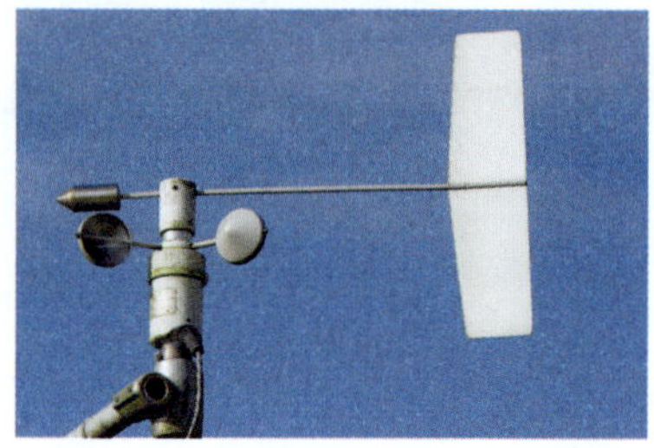

Il indique la quantité de pluie tombée pendant une durée donnée. On mesure directement la hauteur d'eau dans le tube, en millimètres.

Il indique la vitesse du vent en kilomètres par heure (km/h).

Il réagit aux variations du poids exercé par l'air sur la surface de la Terre. Il inscrit la mesure de cette pression atmosphérique (en hectopascal) sur un cylindre de papier.

5 Rédige une consigne de sécurité pour chaque dessin.

En cas d'inondation rapide, je dois :

....

....

J'ai compris que...

Les mots clés
vents
inondations
cyclones
risques
protéger
consignes de sécurité

21 Qu'est-ce qu'un écosystème ?

Je me demande

1 Observe le **DOC. 1**, puis nomme :

– des êtres vivants : ....

....

– des éléments non vivants : ....

....

DOC. 1 Un milieu de vie : la forêt

2 Entoure deux éléments, vivants ou non, qui sont en relation dans la forêt.
Décris en quelques mots leur relation.

....

■ D'après toi, quels types de relations peut-il y avoir dans la forêt ?

....

Je cherche

Quelles relations peuvent exister entre les êtres vivants ?

3 Relie chaque vignette à la bonne définition.

L'**aigle** est un rapace qui chasse ses proies et les capture dans ses serres avant de s'en nourrir.

Le **geai des chênes** est la sentinelle de la forêt. Au moindre danger, il alerte tous les habitants en poussant un cri strident.

Les **amanites** colonisent les racines des arbres et se nourrissent de leurs sucres. Les arbres récupèrent, grâce aux champignons, des éléments nutritifs dont ils ont besoin pour grandir.

Les boules de **gui** puisent les éléments nutritifs dans la sève des arbres sur lesquels elles poussent. Elles les affaiblissent et les empêchent de croitre correctement.

On parle de prédation quand un animal en attrape un autre pour le manger.

On parle de symbiose quand deux individus d'espèces différentes ont un intérêt réciproque à vivre ensemble : leurs survies sont liées.

On parle de parasitisme quand un individu (le parasite) tire profit d'une autre espèce (l'hôte) à ses dépens.

On parle de coopération quand des espèces s'entraident, mais que ce n'est pas indispensable à leur survie.

4 Effectue une recherche documentaire sur les êtres vivants du DOC. 2. Indique, pour chaque duo, s'il s'agit d'une situation de symbiose ou de parasitisme.

DOC. 2 Symbiose ou parasitisme ?

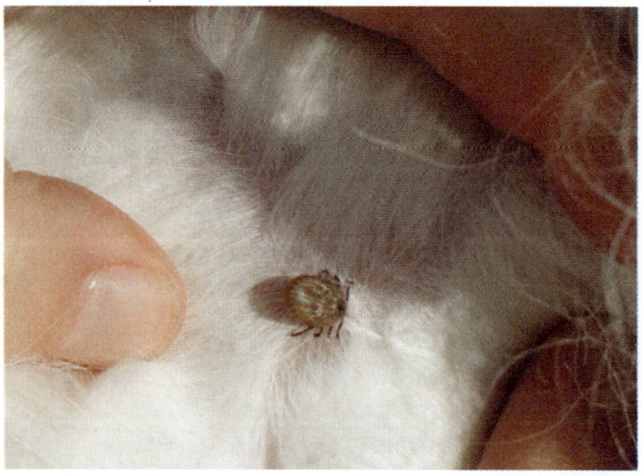

Une tique et un chien

Situation de ....

Un pluvian d'Égypte et un crocodile

Situation de ....

On dit que deux éléments qui ont des relations entre eux sont en interaction.

Quelles relations peuvent exister entre les êtres vivants et leur environnement ?

5 **En t'aidant du DOC. 1, donne deux exemples d'interaction entre un être vivant et un élément non vivant. Justifie tes réponses (pense à ce que tu as vu dans la fiche 15).**

Exemple 1 : ....

Exemple 2 : ....

Les êtres vivants qui peuplent un milieu de vie, et les relations existant entre ces êtres vivants et leur milieu composent **un écosystème**.

En quoi ces relations sont-elles importantes pour le milieu de vie ?

6 **Reprends le DOC. 1. Que se passerait-il si ces éléments disparaissaient ?**

- Les amanites : ....
- La trouée de lumière : ....
- L'eau : ....
- Le rocher : ....

7 **Complète la phrase suivante.**

Si un être vivant disparait ou si le milieu et ses conditions se modifient ....

J'ai compris que...

Les mots clés

coopération
symbiose
parasitisme
interaction
écosystème

22 Tous les milieux de vie abritent-ils les mêmes êtres vivants ?

Je me demande...

1 Relie chaque animal à son milieu de vie.

DOC. 1 Des animaux et des milieux de vie

À ton avis, qu'est-ce qui permet à chaque animal de vivre dans son milieu ?

– Grâce à ....,

le dauphin peut vivre ....

– Grâce à ....,

l'ours polaire peut vivre ....

– Grâce à ....,

le dromadaire peut vivre ....

Je cherche

Pourquoi certains êtres vivants peuvent-ils vivre dans des conditions particulières ?

2 Lis le DOC. 2, puis complète le tableau de la page 76.

DOC. 2 Des êtres vivants aux capacités d'adaptation étonnantes

Dans le désert, pendant la journée, la température est très élevée. La plupart du temps, le fennec reste dans son terrier où il fait une trentaine de degrés. Ses longues oreilles lui permettent d'évacuer la chaleur de son corps. S'il doit sortir, son pelage couleur sable lui assure un parfait camouflage et il supporte la chaleur brulante du sable (70 °C) grâce à la fourrure sous ses pattes.
C'est un animal nocturne : il chasse la nuit grâce à ses yeux perçants et ses oreilles qui lui permettent de repérer ses proies, même sous le sable (rongeurs, lézards, araignées).
Même s'il boit parfois, c'est souvent grâce à ses proies ou à des fruits (dattes) qu'il trouve le peu d'eau dont il a besoin.

« Pour les végétaux, impossible d'échapper à la fournaise qui les dessèche. Eux aussi possèdent des astuces pour faire face au manque d'eau. Certains ont de très longues racines qui vont chercher l'eau profondément enfouie dans le sol. D'autres ont un impressionnant réseau de racines qui courent juste sous la surface pour récupérer la moindre rosée avant que l'eau ne s'évapore : les racines du cactus cierge s'étalent sur 30 m autour de lui ! Tous sont extrêmement économes : les buissons épineux diminuent leur transpiration, en arborant de minces épines au lieu de larges feuilles. »

« Le phoque de Wedell est le seul à vivre [sur les rivages du continent antarctique] toute l'année. L'été, il se prélasse sur la banquise ; l'hiver, il se réfugie sous la glace, dans l'océan. L'eau, proche de –2 °C, est pour lui délicieusement "tiède" quand, à l'extérieur, le thermomètre chute à –30 °C ! Douillettement enveloppé d'une couche de lard de 10 cm d'épaisseur, le phoque de Wedell chasse les morues antarctiques, sans crainte du froid. »

« Dans l'océan [Antarctique], où l'eau de mer descend jusqu'à –2 °C l'hiver, le poisson Notothenia réussit à vivre sans se transformer en glaçon ! Son secret : il fabrique un "antigel" constitué de substances chimiques semblables au sucre qui empêchent son sang de geler. »

Êtres vivants	Les caractéristiques de leur milieu de vie	Les particularités (corps, comportement, alimentation) leur permettant de s'adapter au milieu
Le fennec	....	....
Le cactus	....	....
Le phoque de Wedell	....	....
Le poisson Notothenia	....	....

Que se passe-t-il si un facteur est modifié dans un écosystème ?

3 Observe le DOC. 3. Que s'est-il passé en 33 ans ?

....

....

DOC. 3 La banquise en Arctique en 1979 et en 2012

4 Lis le DOC. 4 et réponds aux questions.

DOC. 4 Le réchauffement climatique

Le réchauffement climatique observé au cours des 50 dernières années est dû principalement aux activités humaines, tout particulièrement à l'utilisation de combustibles fossiles. Dans l'Arctique, les changements climatiques sont particulièrement intenses et mettent toujours plus de pression sur les fragiles populations et écosystèmes de l'Arctique.
De nombreux animaux arctiques, comme les ours polaires, les phoques et les oiseaux de mer doivent leur survie à la mer et à la présence de la banquise. Une diminution de certains types de végétation aurait une incidence sur les animaux qui s'en nourrissent (comme les lemmings et les rennes). À leur tour, les prédateurs (comme les renards ou les oiseaux de proie) et les communautés humaines qui dépendent de ces animaux en subiraient les conséquences.

D'après le rapport de l'organisation *Greenfacts* et de la *Fondation Polaire Internationale*

- De quel écosystème est-il question dans ce texte ?

- Pourquoi la banquise a-t-elle fondu ?

- Quelle est l'origine de cette modification ?

- Quelles sont les conséquences pour les êtres vivants de cet écosystème ?

- Pourquoi est-il si important de préserver l'équilibre d'un écosystème ?

Dans cet écosystème, c'est un facteur physique (la température) qui est modifié et qui influence le peuplement.

J'ai compris que...

Les mots clés
adaptés
écosystème
facteur
modifié

Bilan

La planète Terre

Ce que je sais maintenant sur la Terre et le système solaire

La Terre fait un tour sur elle-même autour de l'axe des pôles en 24 heures : on appelle ce mouvement **la rotation**. C'est ce qui explique l'alternance des journées et des nuits.

La Terre fait un tour complet autour du Soleil en 1 an : on parle de **la révolution de la Terre autour du Soleil**.

Le système solaire est composé de quatre **planètes rocheuses** et de quatre **planètes gazeuses**. Toutes tournent autour du Soleil, qui a une place centrale. La Terre est particulière : les trois quarts de sa surface sont recouverts d'eau.

Sur la Terre, les vents et **les changements de pression atmosphérique** provoquent des **phénomènes météorologiques parfois extrêmes**, comme les inondations et les cyclones.

Les inondations, ici à Nemours en juin 2016, peuvent causer de gros dégâts.

Les cartes satellite montrent l'activité à la surface de la Terre.

Les météorologues cherchent à prévoir ces phénomènes pour que les populations puissent **se protéger des risques**.

Ce que je sais maintenant sur l'environnement

Dans un écosystème, les relations entre les êtres vivants sont nombreuses : **la symbiose, la coopération, le parasitisme** ou **la prédation** contribuent à l'équilibre de l'écosystème.

Les êtres vivants interagissent aussi avec leur environnement, auquel ils sont adaptés. Les conditions de vie influencent donc **le peuplement du milieu**. Si un facteur est modifié dans un écosystème, **l'équilibre** est perturbé et les êtres vivants sont en danger.

Un exemple de coopération

Maintenant je sais faire

Comprendre et m'exprimer en utilisant un langage scientifique
(domaine 1 du socle commun)
J'ai exploité des documents différents (textes documentaires et photo satellite par exemple) pour comprendre l'origine des cyclones. Je peux expliquer ce phénomène à l'oral ou à l'écrit.

Chercher des informations au sein d'un texte documentaire
(domaine 2 du socle commun)
J'ai exploité les données de textes scientifiques sur les animaux dans leur environnement pour comprendre les interactions qui y existent ou de quelle façon certains animaux sont adaptés à des conditions de vie extrêmes.

M'approprier des outils et des méthodes
(domaine 2 du socle commun)
J'ai utilisé un matériel et une échelle adaptés pour représenter le système solaire ; avec mes camarades de classe, j'ai ainsi organisé un espace de réalisation expérimentale.

Adopter un comportement éthique et responsable
(domaine 3 du socle commun) :
Je sais que toute modification dans un écosystème peut entrainer la disparition des êtres vivants qui s'y trouvent.

Avoir recours à une démarche d'investigation
(domaine 4 du socle commun)
J'ai modélisé les mouvements de la Terre dans le système solaire pour comprendre la cause de l'alternance journée/nuit ; j'ai testé mes hypothèses, interprété mes résultats et tiré ma conclusion.

Développer de nouveaux repères spatiaux
(domaine 5 du socle commun)
J'ai pris conscience de l'immensité de l'univers grâce à la modélisation à l'échelle du système solaire.

Table des illustrations

3 ph © Rostichep - Fotolia
3 ph © plopart - Fotolia
3 ph © destina - Fotolia
4, 5, 6, 7 ph © Fréderic Hanoteau
8, 9, 10-1 ph © Frédéric Hanoteau
10 2 © Quezac
10 2 © Vals
11 © Screen-shot 2014
12 © www.atmo-hdf.fr
16 2 hg ph © Delphotostock - Fotolia
16 2 hd ph © Richard Damoret / REA
16 2 mg ph © pololia-Fotolia
16 2 md ph © 6th Gear - Fotolia
18 2 bg ph © GO - Fotolia
18 1 ph © Photo12/Alamy
18 2 mm ph © Corvalola / Fotolia
18 2 bd ph © Daylight Photo - Fotolia
19 hd ph © osorioartist.com/ Fotolia
19 3 hm ph © Jrgen Flchle - Fotolia
19 3 bm ph © plopart - Fotolia
19 3 mm ph © Fotolia
19 3 hm ph © pink_cotton_candy/ Istock
19 hg ph © Highwaystarz-Photography/iStock
21 A ph © Vasily Smirnov - Fotolia
21 B ph © Ludovic /REA
21 C ph © Vladyslav Danilin - Fotolia
21 D ph © Fotolia
21 E ph © cynoclub - Fotolia
24 ph © krivinis/ Shutterstock
28 2 md ph © aleksandarfilip - Fotolia
28 2 b ph © Fotolia
28 2 hd ph © voren1 - Fotolia
28 2 hg ph © ykordik - Fotolia
28 2 mg ph © Eric Isselee-Fotolia
29 3 hg ph © Shutterstock
29 3 mg ph © sergioboccardo - Fotolia
29 3 hd ph © kocsisanyi78 - Fotolia
30 1 mb ph © Alekss - Fotolia
30 1 mh ph © michel_lanson - Fotolia
30 1 g ph © Cynoclub-Fotolia
30 1 d ph © Frank Leung-iStock
32 ph © Eric Isselee-Fotolia
33 ph © Jrme Romm - Fotolia
33 ph © Maxim Kravtsov- Fotolia
33 ph © Delphotostock - Fotolia
33 ph © alfernec - Fotolia
33 ph © zlikovec - Fotolia
33 ph © eivaisla - Fotolia
33 ph © stefania57 - Fotolia
33 ph © scpictures - Fotolia
33 ph © Open Mind Pictures - Fotolia
33 ph © Paulista - Fotolia
33 ph © Taras Kolomiyets- Fotolia
33 ph © guy - Fotolia
33 ph © alain wacquier - Fotolia
34 ph © prudkov - Fotolia
34 3 hd ph © Berti Hanna / REA
34 3 mg ph © Jean Claude Moschetti / REA
34 ph © Wolfgang Jargstorff - Fotolia
34 ph © Jrgen Flchle - Fotolia
34 ph © countrypixel - Fotolia
34 ph © franz12 - Fotolia
34 ph © robert Casacci - Fotolia
37 ph © Martinan - Fotolia
38 ph © Daniel Etzold - Fotolia
40 3 ph © Biosphoto / Juan-M. Sanchez & Jose-L. Lope
40 4 ph © Yannick Moret / Biogéosciences-Dijon / CNRS Photothèque
42 ph © J.-M. Labat & Y. Lanceau / Biosphoto
43 3 ph © moonrise - Fotolia
43 4 ph © Thiriet / Biosphoto
44 5 ph © catherinelprod - Fotolia
45 ph © NouN / Biosphoto
46 ph © Mushy-Fotolia
50 ph © Pascale Gueret - Fotolia
50 ph © egiadone - Fotolia
50 ph © Fotolia
50 ph © figurniysergey-Fotolia
51 h ph © JPS - Fotolia
51 m ph © flaya - Fotolia
52 ph © kazy - Fotolia
52 ph © maxoidos - Fotolia
53 1 mg, mm ph © Photo12/Alamy
53 1 g ph © thawornnurak/iStock
53 1d ph © Rostichep - Fotolia
53 2 ph © www. bridgemanimages.com
54 2 h ph © Photo12/Alamy
54 2 m ph © michaeljung/iStock
56 ph © 169169-Fotolia
59 hg, hd ph © Photo12/Alamy
59 b ph © 169169-Fotolia
60 ph © Photo12/Alamy
61 ph © alma_sacra - Fotolia
62 ph © http://www. cartesfrance.fr/
63, 64 ph © Frédéric Hanoteau
65 ph © destina - Fotolia
66 ph © Photo12/Alamy
68, 69-3 © Météo-France
69 4 ph © Age / Photononstop
70 5 hg ph © Christophe Lehenaff/ Photononstop
70 5 hm ph © Rustica / Photononstop
70 5 hd ph © Photo12/Alamy
70 6 © Gafforisk inondation, IFFO-RME/2010
72 2 g ph © alco81 - Fotolia
72 2 d ph © Budi Gunawan / Solent News / Visual Press Agency
74 ph © lancesagar - Fotolia
74 ph © Natallia Yaumenenka/ Fotolia
74 ph © Alexey Seafarer / Fotolia
74 ph © Alexmar / Fotolia
74 ph © phenicieprod - Fotolia
74 ph © Alekss - Fotolia
75 hd ph © Alain Dragesco-Joffé / Biosphoto
75 mg ph © dcorneli - Fotolia
75 md ph © Norbert Wu / Biosphoto
75 bg ph © David Fleetham / Visuals Unlimited / Science Photo Library / Biosphoto
76 ph © Nasa / GSFC / Novapix
77, 78 bg ph © Photo12 / Alamy
78 bd © Météo -France.
79 Budi Gunawan / Solent News / Visual Press Agency

D.R. : Malgré nos efforts, il nous a été impossible de joindre certains photographes ou leurs ayants droit, ainsi que les éditeurs ou leurs ayants droit pour certains documents, afin de solliciter l'autorisation de reproduction, mais nous avons réservé en notre comptabilité des droits usuels.

Suivi éditorial : Fabienne Hélou
Principe maquette : Massimo Miola
Maquette : Sophie Duclos
Mise en pages : Dany Mourain
Illustrations : Sophie Beaujard, Domino
Iconographie : Dominique Stanguennec / Hatier Illustration

PAPIER À BASE DE FIBRES CERTIFIÉES

Hatier s'engage pour l'environnement en réduisant l'empreinte carbone de ses livres. Celle de cet exemplaire est de : 600 g éq. CO_2 Rendez-vous sur www.hatier-durable.fr

Achevé d'imprimer en Italie par L.E.G.O. S.p.A. - Lavis (TN)
Dépôt légal : 00093 -3/06 - Mai 2020